AF634661

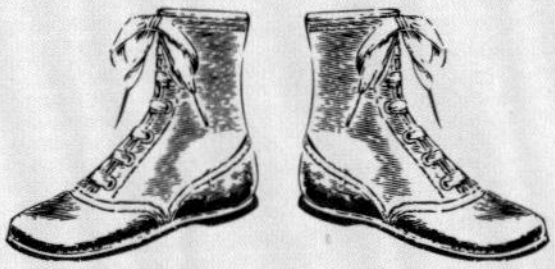

Spazierengehen und Wandern in der freien Natur war lange Zeit ausschließlich Männern vorbehalten. Für Frauen galten diese Betätigungen als unschicklich und gefährlich. Bereits ohne Begleitung auf den Boulevards in der Stadt zu promenieren oder allein über die Wiesen zu spazieren wäre undenkbar gewesen. Erst um 1900 begann sich dies zu ändern. Nun zog es auch die Frauen hinaus ins Freie. Sie zogen die Korsagen aus und die Schnürstiefel an und suchten eigene Wege. Und befreiten sich damit nicht nur von starren Konventionen, sondern entdeckten ein neues Natur- und Körpergefühl. Auf eigenen Füßen in eine neue Unabhängigkeit!

Karin Sagner hat Kunstgeschichte und Germanistik in München und Paris studiert und über Claude Monet promoviert. Sie war als wissenschaftliche Mitarbeiterin an den Bayerischen Staatsgemäldesammlungen in München tätig; heute arbeitet sie als freie Autorin und Kuratorin.

Von Karin Sagner ist im insel taschenbuch außerdem erschienen: *Schöne Frauen. Von Haut und Haaren, Samt und Seife – die gepflegte Frau in der Kunst* (it 4412).

insel taschenbuch 4729

Karin Sagner

Frauen auf eigenen Füßen

Die Originalausgabe erschien 2016 im Elisabeth Sandmann Verlag und wurde für die vorliegende Taschenbuchausgabe leicht gekürzt.

Erste Auflage 2019
insel taschenbuch 4729
Insel Verlag Berlin 2019
© 2016 Elisabeth Sandmann Verlag GmbH, München
Alle Rechte vorbehalten, insbesondere das der Übersetzung, des öffentlichen Vortrags sowie der Übertragung durch Rundfunk und Fernsehen, auch einzelner Teile.

Kein Teil des Werkes darf in irgendeiner Form (durch Fotografie, Mikrofilm oder andere Verfahren) ohne schriftliche Genehmigung des Verlages reproduziert oder unter Verwendung elektronischer Systeme verarbeitet, vervielfältigt oder verbreitet werden.

Vertrieb durch den Suhrkamp Taschenbuch Verlag

Umschlag, Innenseiten und Satz: *Schimmelpenninck.Gestaltung, Berlin*
Druck: *Pustet, Regensburg*

Printed in Germany   ISBN 978-3-458-36429-0

Karin Sagner

Frauen auf eigenen Füßen

Freiheit – Abenteuer – Unabhängigkeit

Insel Verlag

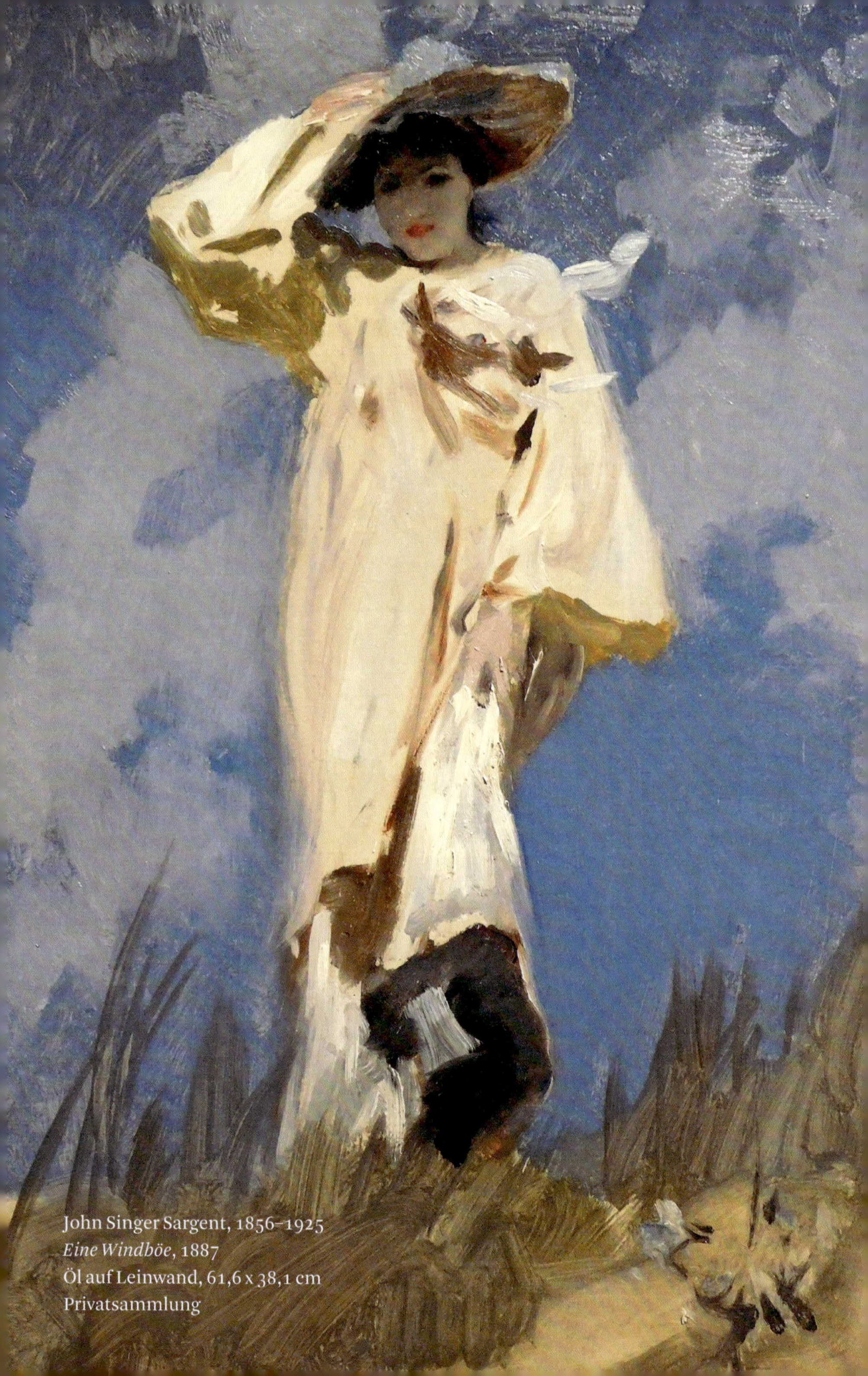

John Singer Sargent, 1856–1925
Eine Windböe, 1887
Öl auf Leinwand, 61,6 x 38,1 cm
Privatsammlung

Inhalt

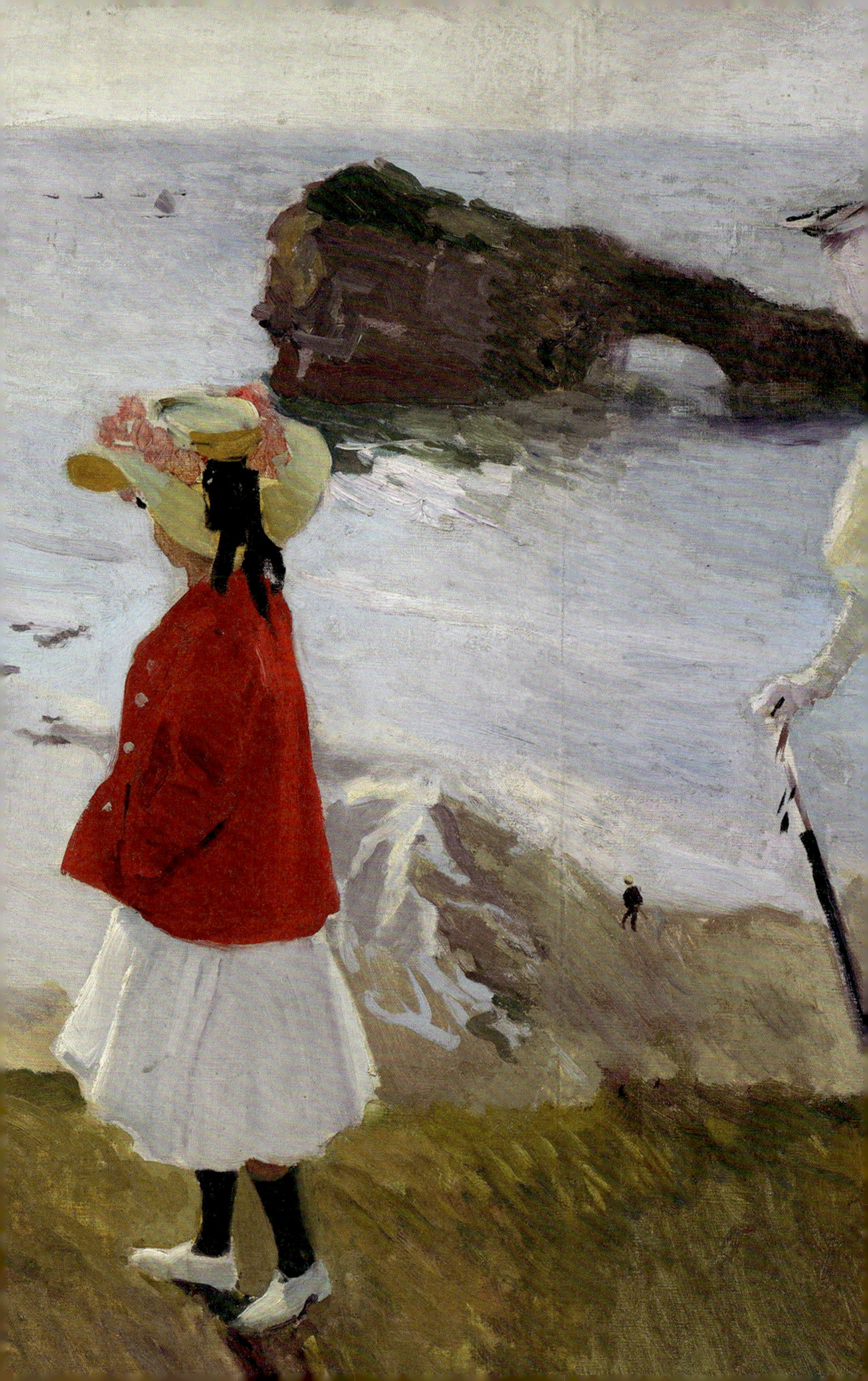

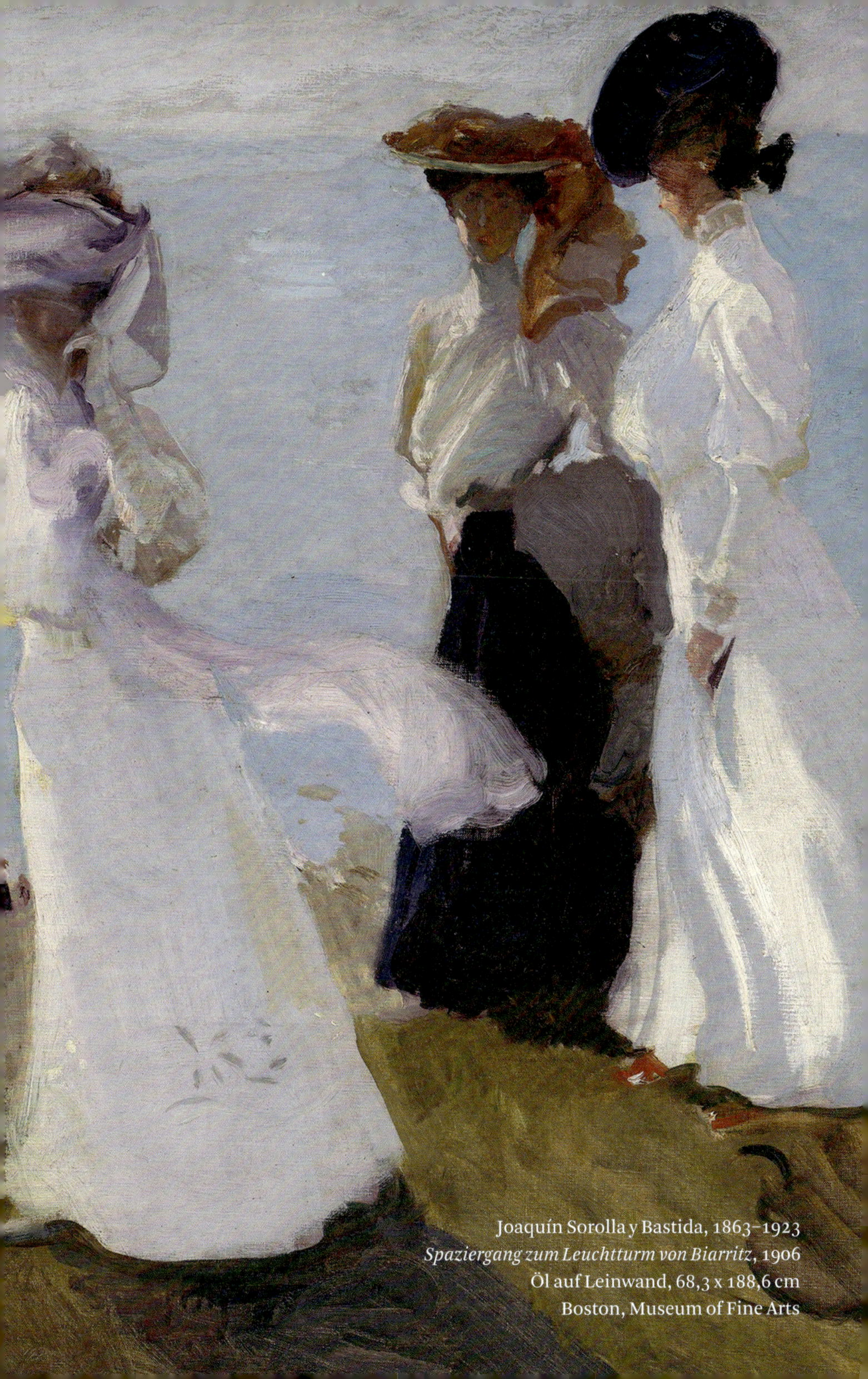

Joaquín Sorolla y Bastida, 1863–1923
Spaziergang zum Leuchtturm von Biarritz, 1906
Öl auf Leinwand, 68,3 x 188,6 cm
Boston, Museum of Fine Arts

»Wandern ist die vollkommenste Art der Fortbewegung, wenn man das wahre Leben entdecken will. Es ist der Weg in die Freiheit.«

Elizabeth von Arnim, 1866–1941

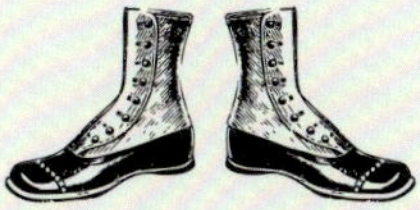

Frauen auf eigenen Füßen

Dass Frauen frei und sorglos auf ihren eigenen Füßen spazieren gehen, in der Natur wandern, klettern und gar auf Berge steigen, erscheint uns heute selbstverständlich. Überraschenderweise aber war es Frauen lange Zeit nur eingeschränkt möglich, zu Fuß und allein unterwegs zu sein; sogar noch zu Beginn des 20. Jahrhunderts. Warum war das so?

Gibt es wirklich Unterschiede zwischen weiblichem und männlichem Gehen, wie es die heftig diskutierten geschlechterorientierten (neurologischen) Theorien und Bewegungsforschungen nahelegen? Tatsächlich belegen aktuelle Studien zur physiologisch bedingten Ungleichheit der Leistungsfähigkeit beim Laufen von Mann und Frau eine unterschiedliche Aktivierung von Hirnarealen und ebenfalls eine geschlechtsspezifische, unterschiedliche Wahrnehmung sowie Wertung von Bewegung. Vor diesem Hintergrund erweist sich die Beschäftigung mit der Historie der Fußgängerin als aufschlussreich und erstaunlich aktuell.

Erzählt wird in diesem Buch die Geschichte der mitteleuropäischen Fußgängerin und Spaziergängerin erstmals anhand von Zeugnissen aus der Bildenden Kunst und Fotografie, die – da zumeist von Künstlern realisiert – den männlichen Blick widerspiegelt. Der besondere Reiz liegt nun darin, dies in Dialog zu setzen zu seltenen, aber nichtsdestoweniger aufregenden, abenteuerlichen bis belustigenden, zeithistorischen und literarischen Beispielen, Romanen, Selbstzeugnissen und Tagebüchern von Frauen, die im Hinblick auf das weibliche Gehen in ihrer Zeit eine selbstbewusste Haltung an den Tag legten.

Couragierte Frauenzimmer gab es zu allen Zeiten, und so sind, einhergehend mit einer neuen Weltsicht des Menschen auf die Natur, bereits aus dem 16. Jahrhundert sogenannte zweckfreie Fußwanderungen und Bergbesteigungen von Frauen überliefert. Da Einzelerscheinungen, bleiben sie in der vorliegenden Publikation jedoch unberücksichtigt. Das Gleiche gilt für die Teilnahme von Frauen (als Begleiterinnen und Trägerinnen) an Pilgerfahrten.

Die Tatsache, dass das Fußgängerinnen-Motiv besonders in der Literatur und Bildenden Kunst im ausgehenden 18. und im 19. Jahrhundert auftaucht, wirft die Frage nach dem Warum auf. Was macht den Spaziergang, das Wandern in dieser Zeit so bedeutungsvoll, und wie kam es dazu? Welche Rolle spielte dabei die Fußgängerin, Spaziergängerin, und wo und in welchem Kontext taucht sie erstmalig in der Kunst auf? Deutlich wird hierbei sichtbar, dass das Spazieren und Promenieren zunächst weitgehend der Aristokratie und den reichen Bürgern vorbehalten war. Der Spaziergang (in der Kutsche oder) zu Fuß war Teil eines Alltags, der nach dem späten Aufstehen, dem Empfangen und Ableisten von Besuchen, dem Mittagsmahl und Briefeschreiben Theater und Bälle bis spät in die Nacht vorsah. Bilder von höfischen Promenaden in Parkanlagen und Gärten stehen somit am Beginn. Zum Lustwandeln zwischen ausgedehnten geometrisch und streng symmetrisch angelegten Blumenbeeten, beschnittenen Hecken, Wasserbassins, Skulpturen und Lustwäldern gehörten festgeschriebene zeremonielle Verhaltens- und Kleiderregeln, wobei sich der erste Stand weitgehend abgeschlossen nach französischem Vorbild amüsierte. Man zog sich dorthin zur Entspannung und Erfrischung, zur Kontemplation wie zum vertraulichen Beisammensein zurück. Auch die Damen von Adel konnten in den Barockgärten allein unterwegs sein, galt doch der Garten in Form des ummauerten Geheges seit jeher als Ort der Frauen, ihrer Zurückgezogenheit von der Außenwelt. Der täglich zu absolvierende Besuch der Park- und Gartenanlagen, ein

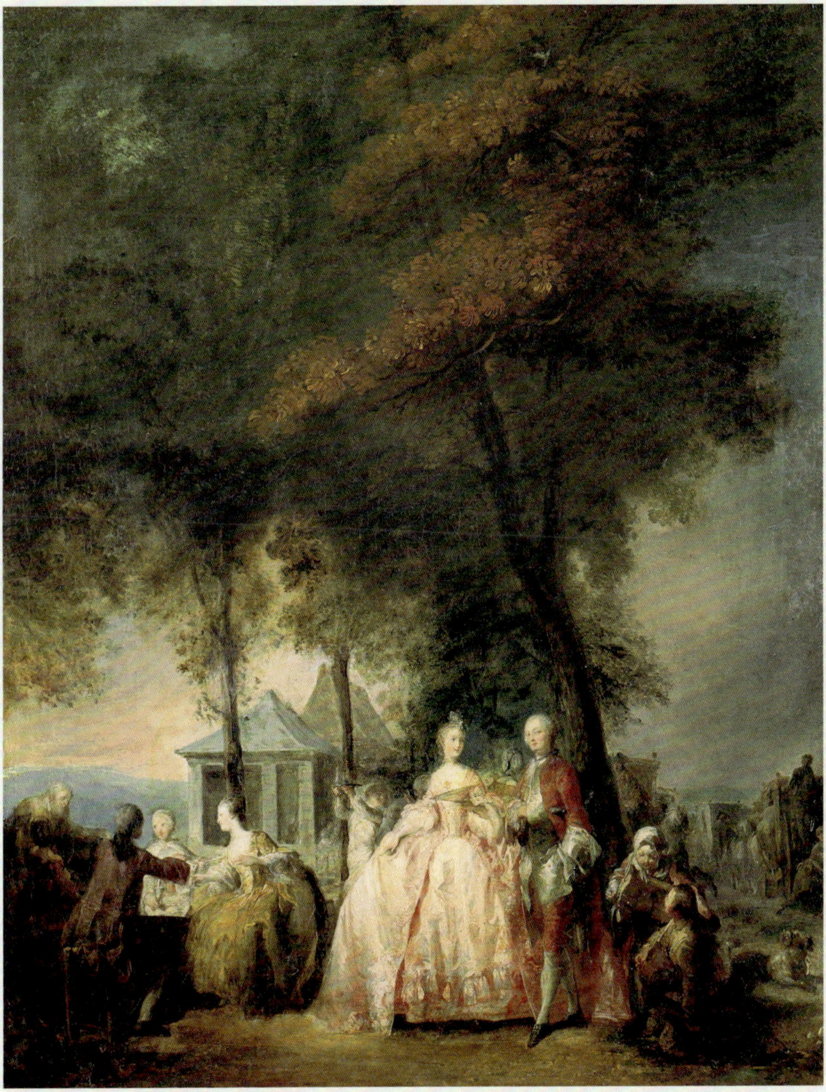

Gabriel de Saint-Aubin, 1724–1780
Promenade in Longchamp, um 1760
Öl auf Leinwand, 80 x 83 cm
Perpignan, Musée Hyacinthe Rigaud

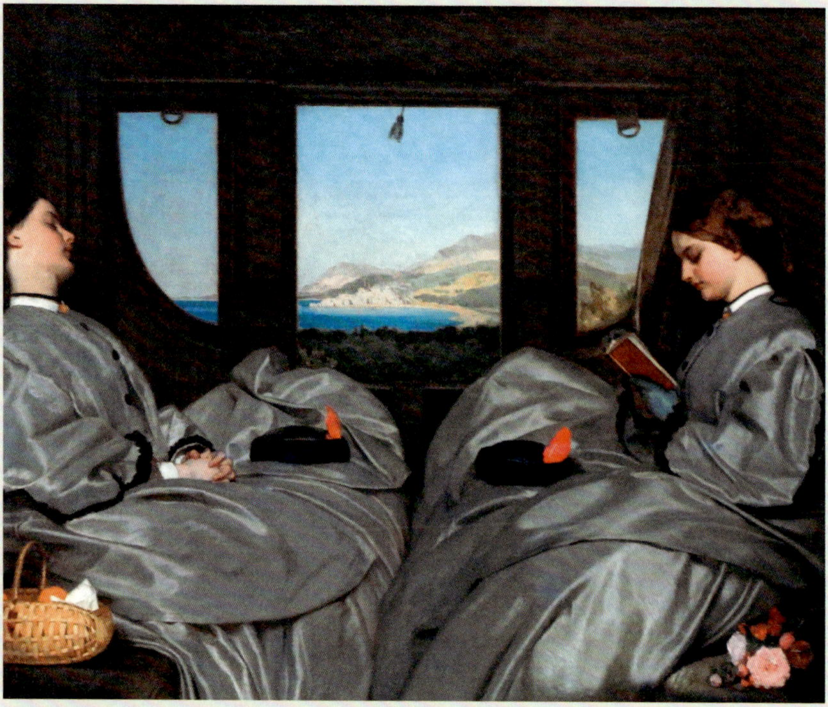

Augustus Leopold Egg, 1816–1863
Die Reisegefährtinnen, 1862
Öl auf Leinwand, 65,3 x 78,7 cm
Birmingham Museum & Art Gallery

Gesellschaftsspiel des Sehens und Gesehen-Werdens, war Teil der öffentlichen Repräsentation, des eleganten und aristokratischen Lebens und galt als Zeichen sozialer Zugehörigkeit und Bestätigung der gesellschaftlichen Rangstellung.

Gleichwohl zeichnete sich ab der zweiten Hälfte des 18. Jahrhunderts eine zunehmende Verbürgerlichung des Spaziergangs ab. Öffentliche Parkanlagen, Gärten und Boulevards wurden nun nach und nach für Vertreter aller Stände zugänglich. Allerdings konnte sich vor und um 1800 auch weiterhin nur eine privilegierte Minderheit das Vergnügen leisten, zu jeder Tageszeit im Schlendern und Spazieren ihre Klassenzugehörigkeit zu demonstrieren. Zudem war die Begegnung und Vermischung mit dem ›Pöbel‹ unerwünscht und wurde durch Überwachung an den Eingängen der vom Adel und vom reichen Bürgertum geschätzten Anlagen geregelt. Dies nicht zuletzt auch weil man ordinäres Benehmen fürchtete. So wurde von englischen Parkanlagen berichtet, dass es offenbar nicht unüblich war, in Sichtweite der Spaziergänger zu urinieren und die Notdurft zu verrichten, wobei man das Gesicht dem Gebüsch zuwandte, um unerkannt zu bleiben.

Nichtsdestoweniger brach in den Jahren von zirka 1770 bis 1830 ein neuer Geist an, den Schriftsteller jener Zeit in »empfindsamen Spaziergängen« beschrieben, auf denen sich Männer und Frauen ungezwungen bei intellektuellen Gesprächen begegnen konnten. Denn nun gab es erstmals auch hauptberufliche Schriftstellerinnen wie Sophie von La Roche, Johanna Schopenhauer und Dorothea Schlegel, die sich dem Thema des weiblichen Spazierens und Wanderns zuwandten und es selbst lustvoll praktizierten. Allgemein aber beschränkte sich das weibliche Promenieren noch immer auf Landschaftsgärten oder urbane Parkanlagen und war entsprechend der Etikette nur in Begleitung möglich, was Johanna Schopenhauer (1766–1838) zu folgender Bemerkung veranlasste: »An öffentlichen Orten, auf der Promenade [...] ohne männliche Begleitung zu erscheinen, gilt als unschicklich.« Trotzdem wagte die eine oder andere kühn gesinnte Frau größere einsame Spaziergänge und wählte dafür bewusst entlegene Wege durch Wiesen, Feld und Wald. Über den gesellschaftlich genormten Spaziergang und Sonntagsspaziergang hinaus eigenständige Exkursionen und einsame Streifzüge in die Natur zu unternehmen, erforderte von den Frauen aus dem adlig-bürgerlichen Milieu durchaus einigen Mut. Denn Frauen, die sich normalerweise zu Fuß auf den Weg machten, gehörten zu den unteren Schichten. Für dic zumeist mittellosen Frauen bedeutete das Zufußgehen selbst über weite Strecken hinweg stets ein existenzielles Muss. Dabei waren sie stärker noch als mittellose Männer der Verachtung bis hin zum Vorwurf der Hurerei ausgesetzt. Im Unterschied zu ihnen beschränkte sich die auf größere Distanzen ausgerichtete Mobilität der adlig-bürgerlichen Frauen weitgehend auf die Kunst, »ohne Füße wegzugehen«, das heißt, weite Reisen vollzogen sich im schützenden Gehäuse der Kutschen. In welchem Umfang die weibliche Wahrnehmung der Welt durch das Kutschenfenster geprägt war, beschrieb die deutsche Schriftstellerin Sophie La Roche 1771 exemplarisch in ihrem Roman *Geschichte des Fräuleins von Sternheim*.

Der Einschränkung der weiblichen Fortbewegung in der Welt stand das freie Gehen gegenüber. Es war dem deutschen Dichter und Spaziergänger Johann Gottfried Seume (1763–1810) folgend fraglos Kennzeichnen des Maskulinen: »Wer geht, sieht [...] mehr, als wer fährt. Ich halte den (freien) Gang für das Ehrenvollste und Selbstständigste im Manne [...] im Wagen sitzend hat man sich von der ursprünglichen Humanität entfernt [...] Fahren (in der Kutsche und im Wagen) zeigt Ohnmacht, Gehen Kraft.« Seumes Auffassung, wonach der freie Gang im Unterschied zur Kutschenfahrt Welterkenntnis befördere, wurzelt in einer Zeit, in der Kutschen größeren Bevölkerungsschichten zugänglich wurden und sich das Zufußgehen gewissermaßen als Alternative anbot. Dies war wesenhaft dem Mann vorbehalten, da der Spaziergang – und das war der Zweck – das Individuum aus der Enge der städtischen Behausung befreite, indem er es in die Offenheit der Natur hinausführte und so mit der Körperbewegung die Geistesbewegung und das ungebundene Denken aktivierte. Im Sinne der Aufklärung erweist sich der bürgerliche Spaziergang damit als symbolischer, kultur- und gesellschaftskritisch bedeutsamer Akt. Denn für die Zeit des Gehens in der freien Natur kehrt der Spaziergänger der feudalen Ordnung den Rücken und erfährt sich selbst als freies Subjekt, das auf eigenen Füßen zu stehen vermag. Der aufgeklärte Bürger sollte entsprechend Fußgänger sein und tägliche Spaziergänge, besser noch Wanderungen, bei jedem Wetter unternehmen.

Es versteht sich von selbst, dass die im 18. Jahrhundert verstärkt in das Haus verwiesenen bürgerlichen Frauen daran nur begrenzt Anteil haben sollten. Freilich wurden auch ihnen von aufgeklärten Ratgebern tägliche Spaziergänge zur Stärkung des Körpers und sogar das Ablegen der einschnürenden Korsette und der einen unsicheren Gang erzeugenden engen Stöckelschuhe empfohlen, doch geschah dies gezielt unter dem Aspekt, gesunde Kinder zu gebären. Das Spazieren konnte ihre Gesundheit fördern, die von maßgeblicher Bedeutung war im Hinblick auf ihre naturgegebene Berufung als Mutter. Die Unterordnung der Frau wurde nun nicht mehr religiös begründet, sondern anthropologisch mit der unterschiedlichen Natur von Mann und Frau und der körperlichen Schwäche der Frau. Daher ist es leicht nachvollziehbar, dass die Thematik der Ertüchtigung der anfälligen weiblichen Körper und der Psyche im Sinne der aufklärerischen Theorien zu Schriften über Mädchenerziehung führte, wie Joachim Heinrich Campes (1746–1818) 1789 publizierter *Väterlicher Rath für meine Tochter*, in denen das kräftigende Gehen und Spazieren ebenso gefordert wurde wie die moralisch förderliche Beschäftigung des weiblichen Geschlechts mit Pflanzen und Natur.

Eigenständig unternommene oder gar einsame und lustvolle Spaziergänge waren jedoch unerwünscht und galten als schädlich, da Frauen die Natur nur in Gesellschaft genießen könnten. Und so kamen Spaziergängerinnen bis weit ins 19. Jahrhundert meist nicht über die Rolle der Begleiterinnen und Objekte der Brautschau hinaus. Johanna Schopenhauer konstatierte dann auch: »Ohne von einem Bedienten, oder in dessen Ermangelung von ihrem Jungfernmädchen sich folgen zu lassen, hätte keine Frau aus den höheren Ständen auch nur den kleinsten Weg (zu Fuß) über die Straße zurückgelegt.« So blieb der Bewegungsradius der bürgerlichen Fußgängerin gering, und ihre Gänge fanden in umgebender, zumeist kultivierter Landschaft auf vertrautem Terrain statt.

Umso aufregender sind die literarisch fixierten Erfahrungen jener Zeitgenossinnen, die das Gehen auf eigenen Füßen in der freien Natur und das Wandern als Vergnügen entdeckten und praktizierten. Sie öffneten den Blick auf die weite Welt, strebten hinaus in die Natur, um deren Schönheit zu genießen. Dabei ging es ihnen weniger darum, sie in aufklärerischer Neugier wissenschaftlich zu erkunden, denn planvolle Entdeckungsgänge in die ungezähmte Natur, Alpenwanderungen und gar Tageswanderungen über große Entfernungen hinweg hätten, wie die früh emanzipierte romantische Schriftstellerin Dorothea Schlegel (1764–1839) in ihrem Roman *Florian* (1802) ausführt, eine Grenzüberschreitung mit unkalkulierbaren Gefahren und Risiken bedeutet. Der Gang einer Frau in Wald und Flur galt mit und ohne männliche Begleitung als waghalsig. Dies nicht zuletzt, da ihre körperlichen und psychischen Kräfte nicht ausreichend dafür ausgebildet wären, ihre Kleidung für Aufbrüche und das Vordringen in unberührte Landschaften hinderlich sei (und tatsächlich war), und weil auch aus Sicht der Romantik die erwanderte Landschaft als Spiegel des eigenen Inneren (für Frauen riskante) Möglichkeiten der Selbstfindung eröffne. Die Bergwelt war eine Männerdomäne. Berge bargen Schrecken und Gefahren unterschiedlichster Art bis hin zu albtraumartigen Situationen, denen sich das schwache Geschlecht besser nicht aussetzen sollte. Dies hielt einige kühne Frauen schon Anfang des 19. Jahrhunderts dennoch nicht davon ab, erste Gipfel zu erstürmen. Ihre Leistungen wurden allerdings gern von männlichen Kritikern heruntergespielt und ihre Mitgliedschaft in den seit Mitte des 19. Jahrhunderts zahlreich gegründeten Alpen- und Wandervereinen zunächst untersagt.

Beim weiten Gehen und Wandern in der wilden Bergwelt waren die Frauen noch stärker als beim einsamen Spazieren dem Vorwurf des Verlustes von Weiblichkeit und auch der Gefahr von Vergewaltigung ausgesetzt. Doch die Gipfel stürmenden, zumeist adligen Damen brachen ganz bewusst mit Konventionen und zeigten so neue Freiheiten auf, auch wenn sie zunächst in männlicher Begleitung unterwegs waren. Sie lösten für sich das ein, was Jean-Jacques Rousseau 1782 in seinen *Bekenntnissen*

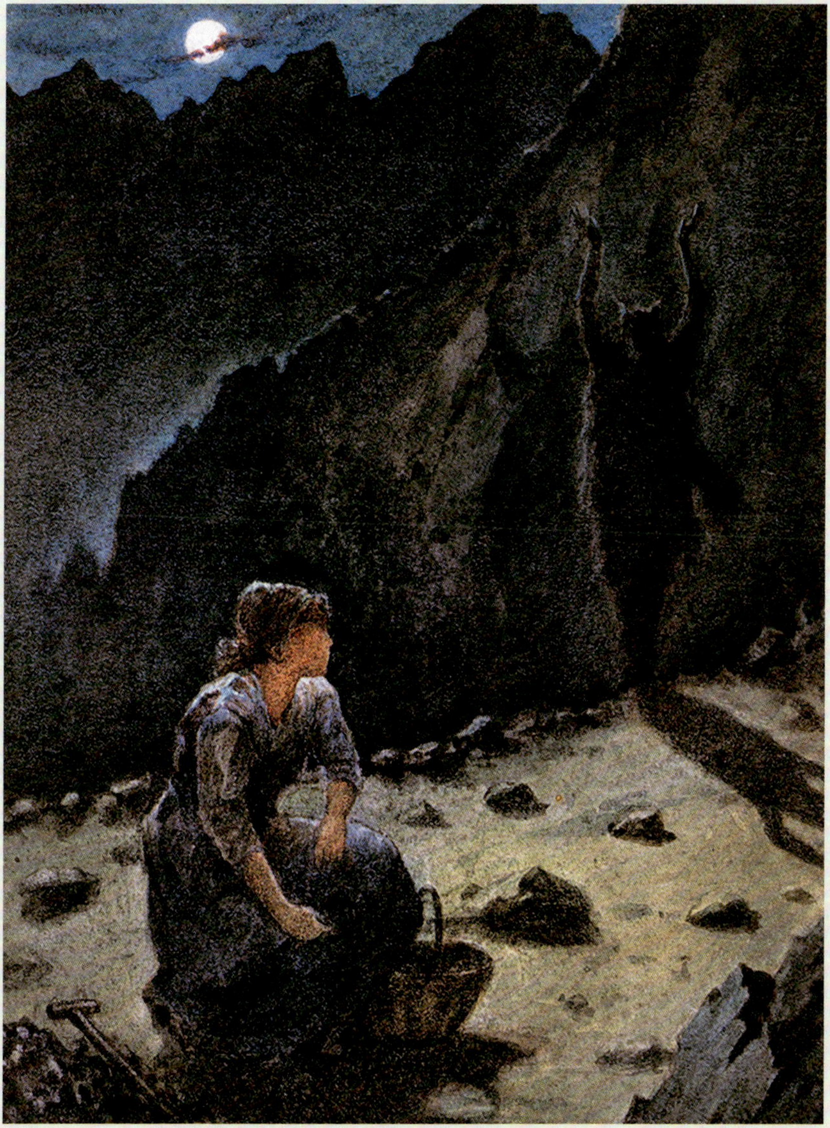

Philip Burne-Jones, 1861–1926
Der Berggeist, um 1870
Aquarell auf Papier, 21 x 14,5 cm, Privatsammlung

einforderte: das Gehen auf freien Füßen in frischer Luft, zum Vergnügen, ohne Eile, ohne Zweck und Pflichten, mit Unterbrechungen zum Innehalten und Ausruhen, mit vielfältigen beglückenden bis furchterregenden Naturerlebnissen.

Nach der Französischen Revolution und der Deklaration der Bürger- und Menschenrechte wurde das Spazieren sichtbar zum Symbol allgemeinen Freiheitsbegehrens: Die Zäune fielen, Parks und Schlossgärten öffneten sich fürs Volk, geometrisch zurechtgestutzte Gartenräume wurden als vergewaltigte Natur verdammt und durch weitläufige Landschaftsparks ersetzt. Das heißt, die innovative kulturelle Praxis des Bürgertums verfestigte sich im 19. Jahrhundert zu einer Ideologie des Gehens. Nun wurde anders als noch im Jahrhundert zuvor, in dem man das Wandern und Gehen in freier Natur bevorzugte, das Promenieren und Flanieren gepflegt, bei dem der Vergnügungsaspekt im Vordergrund stand. Man könnte es auch so ausdrücken: Die Orte für Spaziergänge verschoben sich von der freien Natur, von Feld, Wald, Wiese, Strand, Seen, Bächen, Bergen, Tälern hin zur gestalteten Natur und zum Stadtraum mit öffentlichen, jedermann zugänglichen Parkanlagen, Alleen, Boulevards, Straßen und Plätzen.

Dies steht in unmittelbarem Zusammenhang mit der Stadtbaugeschichte des 19. Jahrhunderts, in der Aspekte der Hygiene und Gesundheit an Bedeutung gewannen und urbane Grünanlagen Schutz vor Lärm und Gestank der beginnenden Industrialisierung boten. Beim Spazieren und Promenieren in städtischen oder stadtnahen Park- und Gartenarealen sollte die Illusion genährt werden, wie bei einem Landaufenthalt in natürlicher Umgebung zu sich selbst zu finden. Zudem bot die moderne, vorbildhaft für ganz Europa ab Mitte des 19. Jahrhunderts von Paris umgesetzte städtische Infrastruktur mit erstmals fest angelegten, leicht erhöhten und trockenen Fußgängerwegen entlang der Boulevards und Einkaufsstraßen die Möglichkeit, sicher in städtischer Kleidung zu spazieren. Es entstand die vielfach literarisch beschriebene Figur des Flaneurs, der bei seinem Gang durch die Straßen schaut, genießt und planlos umherstreift. Er ist wie die nahezu unbeachtete Flaneuse ein Produkt der Verstädterung und des Konsums. Beide finden in diesem Kon-

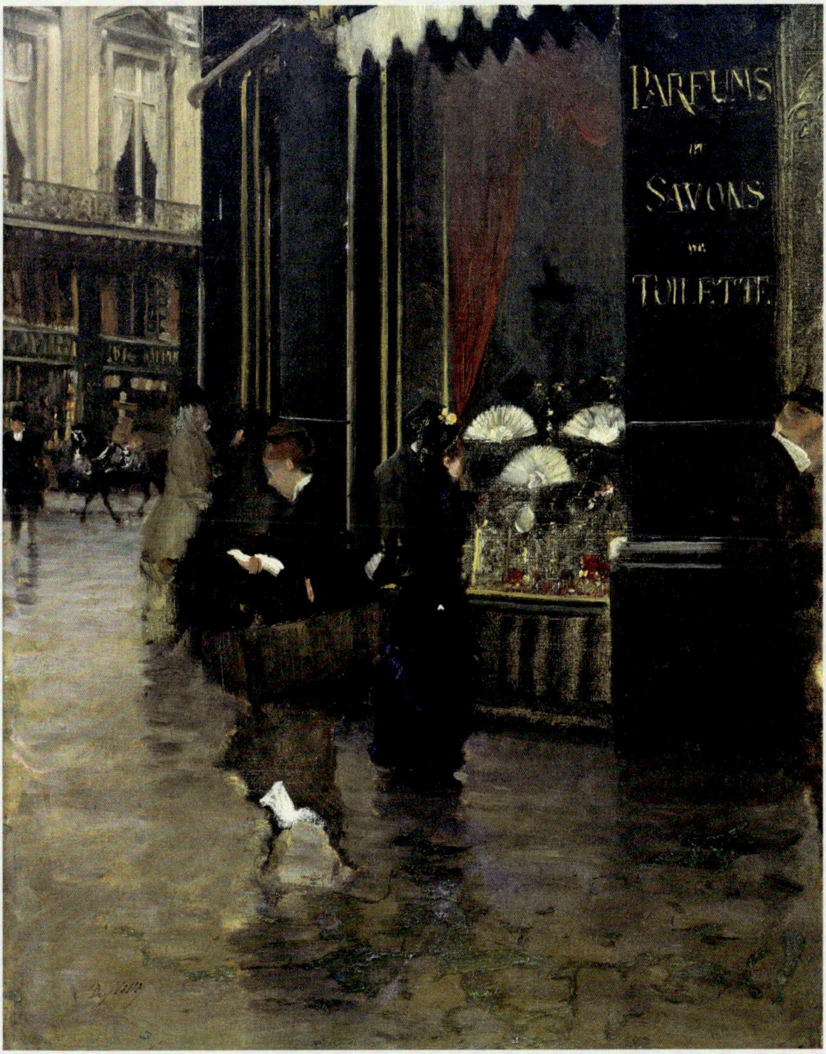

Giuseppe De Nittis, 1846–1884
Die Parfümerie Viollet am Boulevard des Capucines, um 1880
Öl auf Leinwand, 41 x 32,5 cm
Paris, Musée Carnavalet

text, wenn auch in unterschiedlichem Umfang, Darstellung in der Kunst und Literatur.

Doch anders als die Bewegungsfreiheit des Mannes blieb die der Frau, dem bürgerlichen Ideal des 19. Jahrhunderts folgend, außerhalb des Hauses eingeschränkt. Allein auf der Straße flanierend, machte sie sich sozial und sexuell angreifbar, da sie ohne männliche Begleitung Statuslosigkeit offenbarte und den Verdacht der Prostitution weckte. Der Pariser Boulevard mit seinen Kaffeehäusern, Geschäften und dem Großstadtverkehr war ein Ort, wo wohlerzogene Frauen nichts zu suchen hatten. So stellte der französische Schriftsteller Honoré de Balzac fest, dort spazierten nur Frauen mit zweifelhaftem Ruf, die anständige Frau finde sich hier nur en passant zu Einkäufen und zum Schaufensterbummel ein. Der Boulevard war als Inbegriff des modernen städtischen Lebens der bürgerlichen Geselligkeit des Mannes zugeordnet, während die öffentlichen Gärten und Parkanlagen als »natürlicher« Freiraum der Frauen, Kinder und Mütter galten und zu einem beliebten Motiv der Kunst wurden.

Tatsächlich wurde es erst gegen Ende des 19. Jahrhunderts möglich, dass Frauen, ohne den Vorwurf der Leichtlebigkeit und Prostitution zu erwecken, allein im städtischen Raum spazieren gehen konnten. Weibliche Rollen und Verhaltensweisen waren festgeschrieben und einem bürgerlichen Ideal der Familie unterworfen. Im Laufe des 19. Jahrhunderts wurde die Familie zu einer idealistisch überhöhten Zufluchtsstätte, zu einer völlig eigenständigen Welt, die der öffentlichen Sphäre moralisch überlegen schien. Sie entwickelte sich als Refugium vor den Schrecken der Gesellschaft zu einem sittlichen Vorbild, an dem das Leben (in der Stadt) gemessen wurde. Doch diese »Idylle« wurde ab Mitte des 19. Jahrhunderts durch neue Gefahren bedroht: die emanzipierte Frau. Die wahre Berufung der Frau lag gemäß der bürgerlichen Ideologie des 19. Jahrhunderts darin, als Hausfrau und Mutter über Zucht und Ordnung in der Familie zu wachen. Aktionen wie die des Lesens und die des ungebundenen Ausschreitens galten als Möglichkeiten, sich den gesellschaftlichen Konventionen zu entziehen. Tatsächlich könnte man das freie Gehen wie die Leselust der Frauen als Initialzündung zur modernen Emanzipation bezeichnen. Doch während das Motiv der Lesenden in der Kunst des 19. Jahrhunderts, speziell im Impressionismus, ein überaus modernes Thema war, blieb das der frei schreitenden Spaziergängerin sowie der in urwüchsiger Natur Wandernden in der Kunst des 19. Jahrhunderts weitgehend unsichtbar.

Es liegt auf der Hand, dass bei stadtgebundenen Spaziergängen und Promenaden Frühjahr und Sommer die beliebten Jahreszeiten waren, da sie größtmögliches Vergnügen und Bequemlichkeit versprachen. Tageszeiten wandelten sich von Epoche zu Epoche, so gesellten sich zu den Morgenspaziergängen des 18. Jahrhunderts im 19. Jahrhundert Abendspaziergänge im Mondlicht. Während es dem Adel im 18. Jahrhundert noch möglich war, sich unabhängig von Wochentagen auf Spaziergängen sehen zu lassen, traf man das städtische Bürgertum im ausgehenden 18. Jahrhundert und beginnenden 19. Jahrhundert nunmehr an Sonn- und Feiertagen, oft nach dem gemeinsamen Sonntagsmahl, und Ende des 19. Jahrhunderts infolge der Einführung fester geregelter Arbeitszeiten auch am Feierabend. Das öffentliche Promenieren wurde zunehmend durch das Spazieren im kleinen Kreis abgelöst, wobei der Sonntagsspaziergang mit der Familie eine immer größere Rolle spielte und entsprechend von zahlreichen Künstlern bildnerisch inszeniert wurde. Bedeutend wurden nun auch Spaziergänge am Meer, am Strand, auf der Uferpromenade und im Kurbad unter dem tragenden Aspekt der Gesundheit und im Rahmen der in der zweiten Hälfte des 19. Jahrhunderts einsetzenden Lebensreformbewegungen.

Der Müßiggang an frischer Luft verbunden mit körperlicher Bewegung in der Natur verknüpfte positive Werte der Erholung, des Vergnügens, der Geselligkeit und des Naturerlebens. Erstaunlicherweise war es in diesem Zusammenhang den Damen erlaubt, ohne moralische Gefährdung Spaziergänge auch ganz allein zu unternehmen. Entsprechende Szenen gehören zum künstlerischen Repertoire. Dabei spielte die Mode, wie Honoré de Balzac 1831 in seiner Theorie über das Gehen und in seinen Betrachtungen über das elegante Leben darlegte, eine herausragende Rolle: »Welch unauslöschliche Freude bereitet es [...] in den Straßen von Paris, auf den Boulevards, jenen Frauen zu begegnen, die [...] es verste-

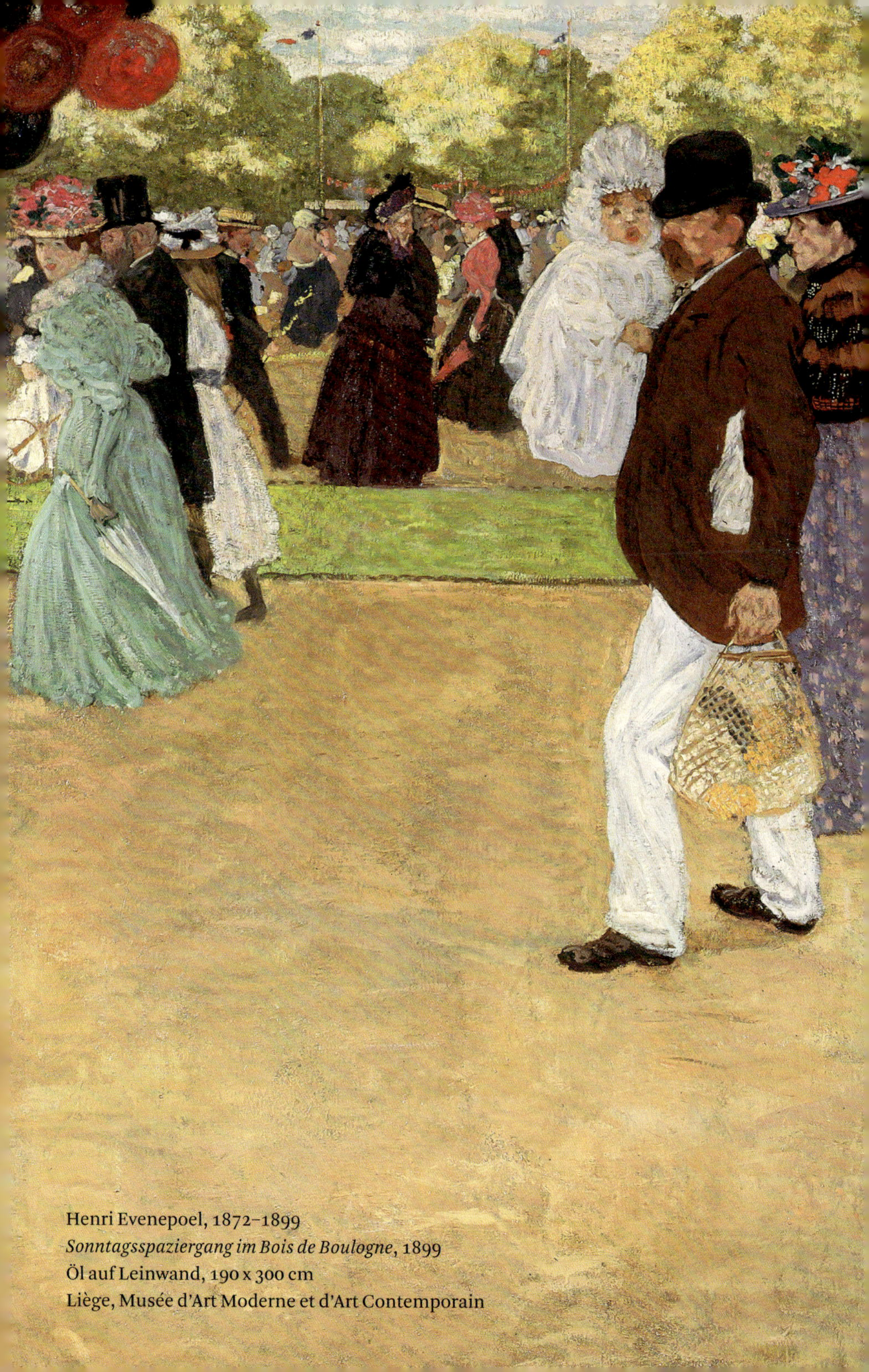

Henri Evenepoel, 1872–1899
Sonntagsspaziergang im Bois de Boulogne, 1899
Öl auf Leinwand, 190 x 300 cm
Liège, Musée d'Art Moderne et d'Art Contemporain

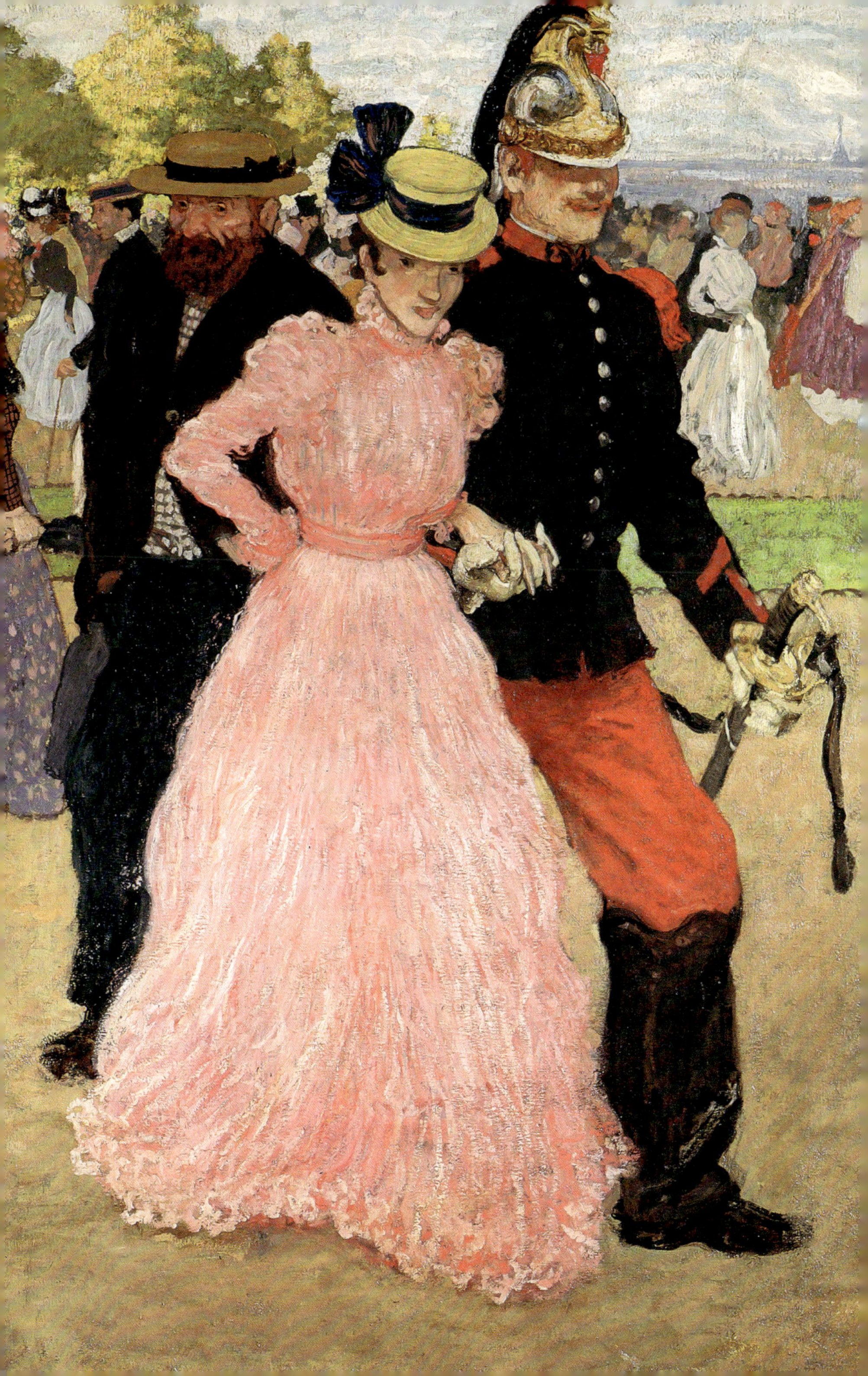

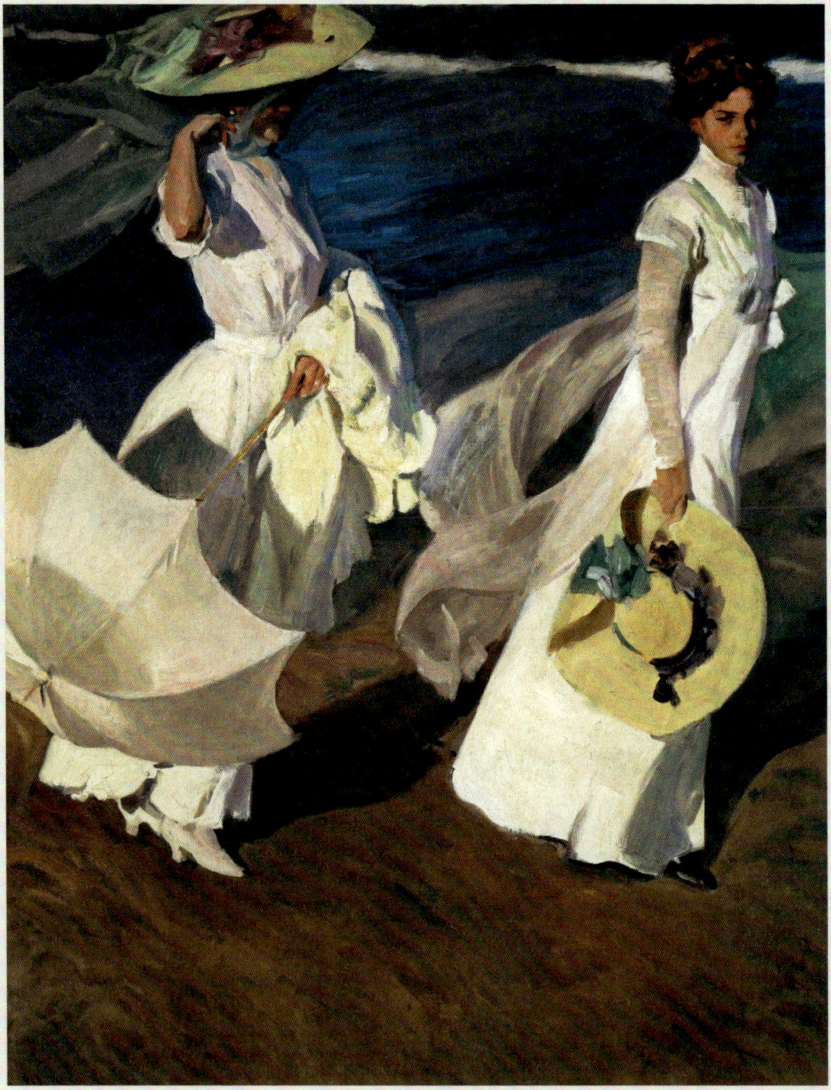

Joaquín Sorolla y Bastida, 1863–1923
Spaziergang am Strand, 1909
Öl auf Leinwand, 205 x 200 cm
Madrid, Museo Sorolla

hen, sich der bescheidenen Rolle einer Fußgängerin anzupassen, denn sie wissen wie sich ein Fußgänger zu kleiden hat.«

Galten vor der Französischen Revolution noch Kleiderordnungen für die einzelnen Stände, waren die Damen im 19. Jahrhundert einer mit der Demokratie entstandenen Mode für die Allgemeinheit unterworfen. Entsprechend gehörten zur Grundausstattung der Spaziergängerin von Beginn an Accessoires wie der Spazierstab (spanischer Stab), in dem sich unter anderem Parfümflakons verbargen. Zwingend waren darüber hinaus Hut, Handschuhe und Stola, ergänzt durch den Pompadour-Beutel – den Arbeitsbeutel –, der darauf verweisen sollte, dass eine anständige Dame niemals untätig erscheinen sollte.

Und wenn die Spazierende tatsächlich allein unterwegs war, hatte sie bis zu Beginn des 20. Jahrhunderts unverzichtbare Begleiter wie das (erbauliche) Buch bei sich, in das man sich während des Spaziergangs vertiefte. Die freie Natur wurde dadurch gleichsam zur Kulisse literarisch inspirierter Emotionen. Oder anders ausgedrückt, sie wurde durch die Lektüre erfahren und entdeckt. Nicht minder populär war seit dem 19. Jahrhundert das Mitführen von Tieren, bevorzugt Hunde an langer Leine. War die Frau in familiärer Begleitung unterwegs, so Hand in Hand, eng umschlungen mit dem liebenden Partner (ein Motiv, das sich so bereits in Bildern aus dem 15. Jahrhundert findet) oder untergehakt. Spaziergänge der Mütter und Ammen zeigen Kinder oft mit Spielzeug. Das gesellschaftliche Reglement betraf nicht nur Kleidung und Accessoires, sondern auch Verhaltensweisen während des Spazierengehens, das idealerweise ohne Pflichten in gemächlicher und gelöster Bewegung stattfand und bei dem man nach eigenem Gutdünken Ruhepausen einlegte, wartete oder innehielt, um zu schauen, zu sprechen und zu grüßen. Dabei wurden unverheiratete Frauen lange Zeit von Anstandsdamen begleitet (oft Freundinnen oder Familienmitglieder).

Ganz andere Regeln standen für das Wandern und Bergsteigen in unzivilisierter, urwüchsiger Natur fest. Es galt nicht nur als sportliche Betätigung, sondern auch als ein herausfordernder und zuweilen gefahrvoller Kampf gegen Naturgewalten und Wildnis, in der sich der Mensch mit

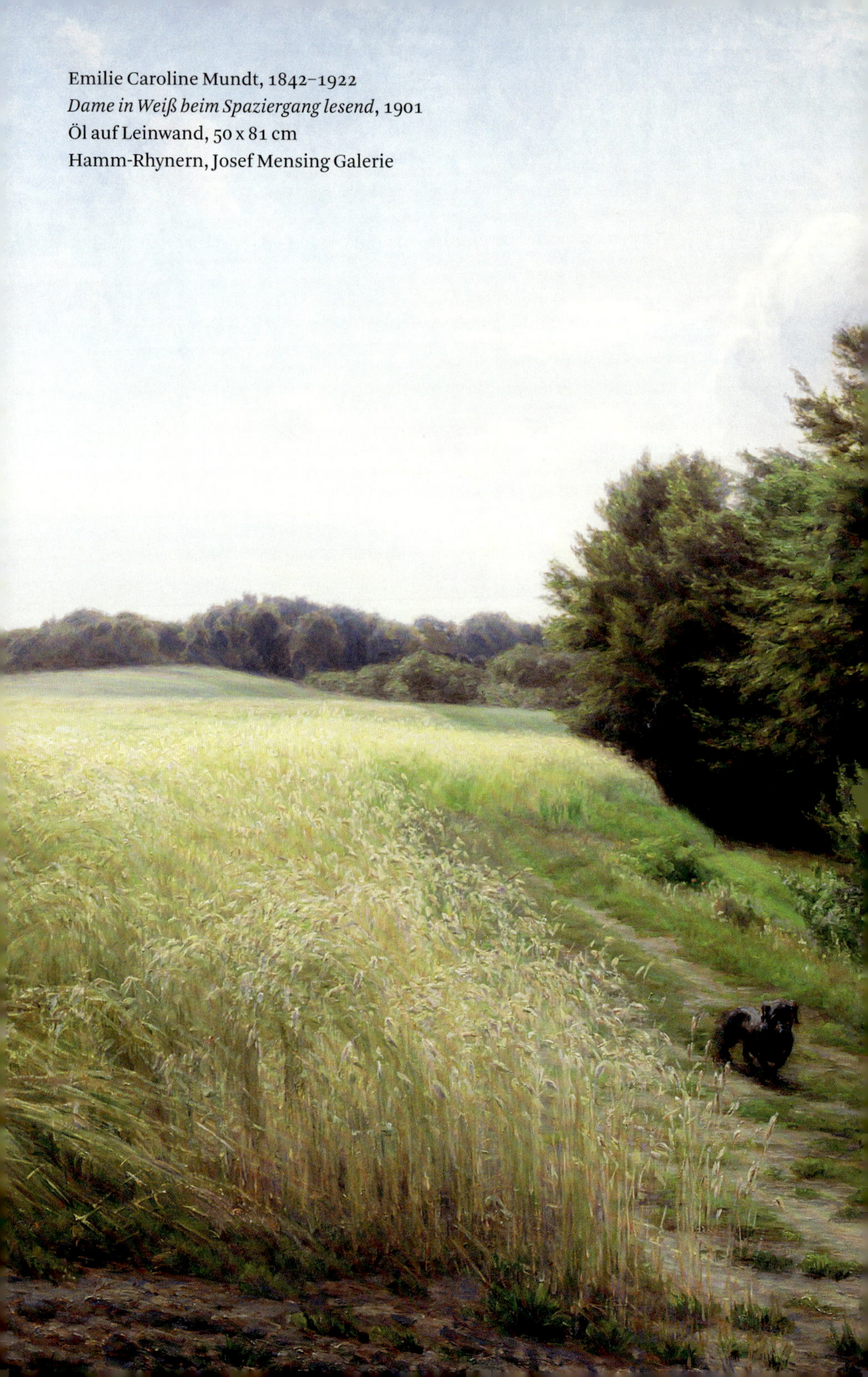

Emilie Caroline Mundt, 1842–1922
Dame in Weiß beim Spaziergang lesend, 1901
Öl auf Leinwand, 50 x 81 cm
Hamm-Rhynern, Josef Mensing Galerie

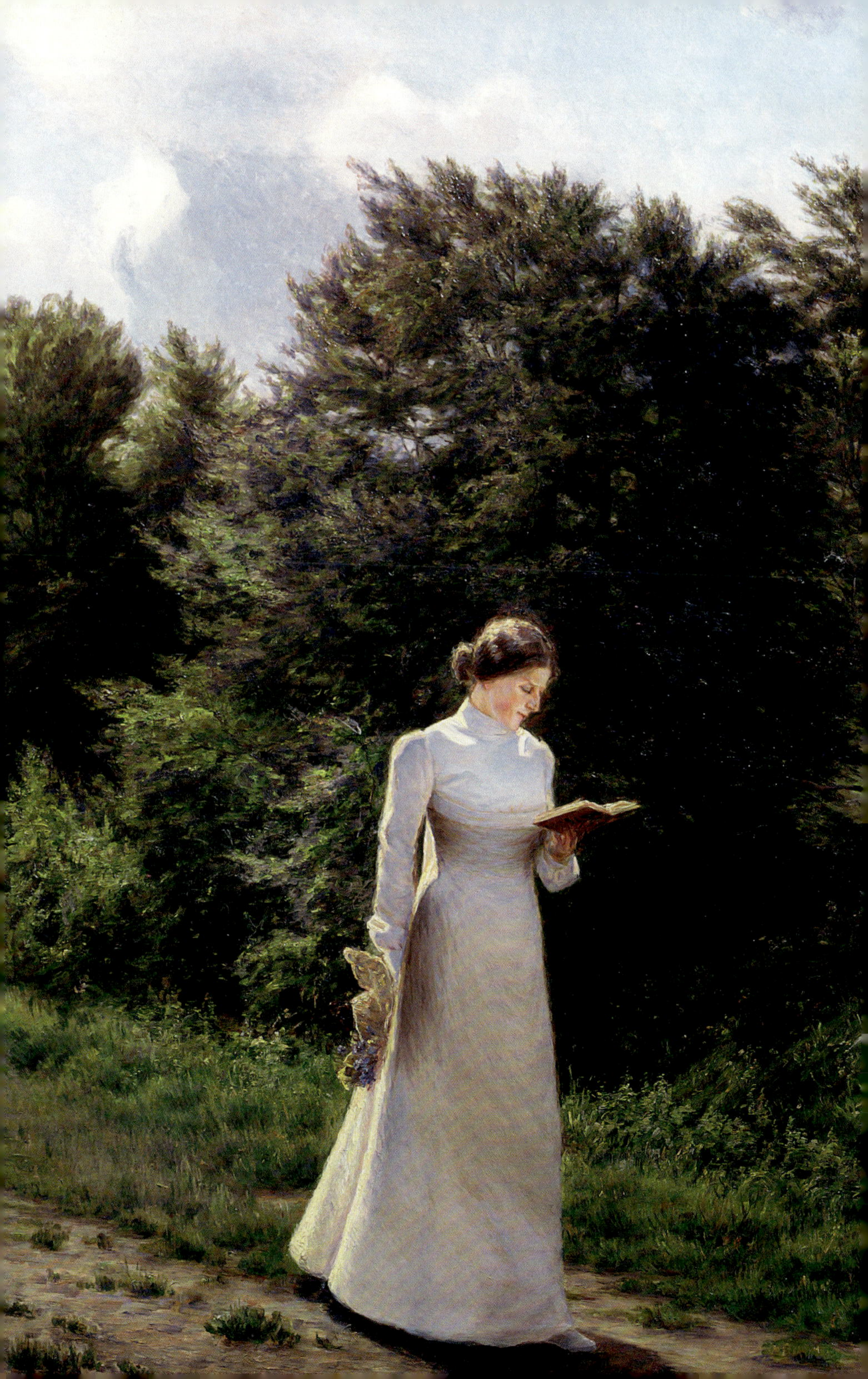

der »Trotzmacht des Geistes« bewähren kann. Damit schien es für das schwache weibliche Geschlecht ungeeignet. Noch um 1900 hieß es: »Haltet die Frauen vom Bergsteigen ab. Sie stoßen damit die Gesellschaft vor den Kopf und sehen aus wie Indianerinnen.« Dennoch fühlten sich Frauen zunehmend nicht nur zum Wandern allein in wilder Natur, sondern auch zur traditionell männlich definierten Welt der Berge hingezogen, die sie sich nun kühn und zuweilen jegliche gesellschaftliche Konventionen, Kleiderordnung, weibliche Erscheinungsbilder und Verhaltensweisen sprengend, Schritt für Schritt erkämpften. Durch mutige Pionierleistungen wie Gipfelbesteigungen im Winter eroberten sie sich nach und nach Zugang zu den ab Mitte des 19. Jahrhunderts in rasch wachsender Anzahl etablierten Wander- und Gebirgsvereinen. Die bürgerlichen Bergsteigerinnen hatten dabei prominente Vorbilder, darunter zahlreiche adlige Damen wie die Kaiserin Elisabeth von Österreich.

Eine der bekanntesten Alpinistinnen war Ende der 1880er-Jahre die dreimal verehelichte Engländerin Elizabeth Alice Burnaby-Main-Le Bond (1861–1934), eine ungewöhnlich emanzipierte und vielfach begabte Frau. Sie entdeckte nicht nur die Bergwelt für sich, sondern trat auch als eine der ersten Alpin-Fotografinnen und als Buchautorin hervor. Ihre Karriere als Alpinistin begann 1882 mit der zweifachen Besteigung des Mont Blanc, des höchsten Berges der Alpen. Der erste Versuch war wegen des Schuhwerks, unbrauchbaren Stiefelchen, gescheitert. 1901 wagte sie etwas Ungeheuerliches: eine Bergtour ohne männlichen Bergführer, womit sie auf Frauenseilschaften vorausgriff, die so erst 25 Jahre später auftauchten. Sie sprengte mit ihren Pioniertaten jeglichen gesellschaftlichen Rahmen und war sich dessen wohl bewusst: »Ich bin den Bergen über alles dankbar, mich von den Fesseln der Konventionen befreit zu haben«, schrieb sie in ihren 1928 publizierten Erinnerungen.

Als bahnbrechend erweist sich vor dem Hintergrund der Emanzipations- und Lebensreformbewegung in der zweiten Hälfte des 19. Jahrhunderts die Reformierung der weiblichen Kleidung: Verzicht auf das Korsett, die hohen einengenden Schuhe – bis hin zur Vernachlässigung des blassen Teints, der bis in das erste Viertel des 20. Jahrhunderts zum Unterpfand vornehmer weiblicher Schönheit zählte. Die ersten Pionierinnen waren noch in weißen Flanellkleidchen, engen Stiefeletten oder gar schnell von der Nässe durchweichten Stoffschuhen unterwegs. Bequeme Hosen blieben gemäß der Vorstellung, dass sie Frauen nicht zustünden und eine Vermännlichung mit sich brächten, lange Zeit ein Tabu. Dennoch hatten wagemutige Bergsteigerinnen solche Beinkleider unter den Röcken an, deren sie sich entledigten, sobald sie sicher sein konnten, dass sie beim Aufstieg niemand sah.

Tatsächlich brachte erst der Übergang vom 19. zum 20. Jahrhundert neue Freiheiten für die Frau. Die Verwegenen unter ihnen machten sich auf, als Botanikerinnen, Pflanzen- und Landschaftsmalerinnen, spazierend und wandernd die Natur zu erkunden und zu erobern. Von dieser Zeit an etablierte sich auch das (einsame) Wandern der Frau(en) in der wilden Natur. Waren die ersten Bergsteigerinnen nach 1800 noch in männlicher Begleitung eines Bergführers unterwegs, so bildeten sich nun zunehmend reine Frauenseilschaften.

Wildnis fasziniert den modernen Menschen. Das Bezwingen der Berge erfordert Mühe und schließt Gefahren mit ein. Sie auf sich zu nehmen und zu bewältigen, lässt erschaudern und ist zugleich anziehend. Die Auseinandersetzung mit der wilden Natur, sei es als Kletterer in einer Felsenwand, als Wanderer durch einsame Wälder oder auf unwegsamen Bergen, vermag ein besonders Glücksgefühl zu vermitteln. Die Leidenschaft für das Gehen, die Freude, ja fast schon Sucht am Zusammenspiel von Muskeln, Sinnen und Bewusstsein, von Assoziationsfähigkeit, Konzentration und Erinnerung haben viele Autorinnen in der Moderne fasziniert und inspiriert. Dazu zählt auch die englische Literatin Virginia Woolf (1882–1941), ebenfalls eine passionierte Fußgängerin. Um ihre Wahrnehmung zu schärfen, wählte sie für ihr scheinbar zielloses Gehen durch London bewusst das unscharfe Licht der blauen Stunde. Ihre täglichen, langen und schnellen Spaziergänge, ihre kilometerweiten Märsche – *walks* – in Sussex und entlang der Küste von Cornwall waren, wie sie in ihren Tagebüchern ausführte, maßgeblicher Teil ihres literarischen Schaffens, eines erkennenden Blicks auf die Welt, der Frei-Räume eröffnet.

Zu Beginn des 20. Jahrhunderts lösen Autorinnen wie Virginia Woolf stellvertretend für das weibliche Geschlecht das ein, was der aufgeklärte Geist zwar eingefordert hatte, der Fußgängerin im Rückblick der Geschichte jedoch lange Zeit verwehrt geblieben war: das Zufußgehen als Ich- und Welterfahrung.

»Wer am besten klettern kann, muss im Gipfel seinen Platz nehmen: Dort hat man die köstlichste Aussicht über das niedere Gesträuch weit weg in eine von Bergen umgrenzte Ebene voller Wäldchen, Traubenhügel, Dörfer, alter Ruinen.«

Johanna Kinkel, 1810–1858

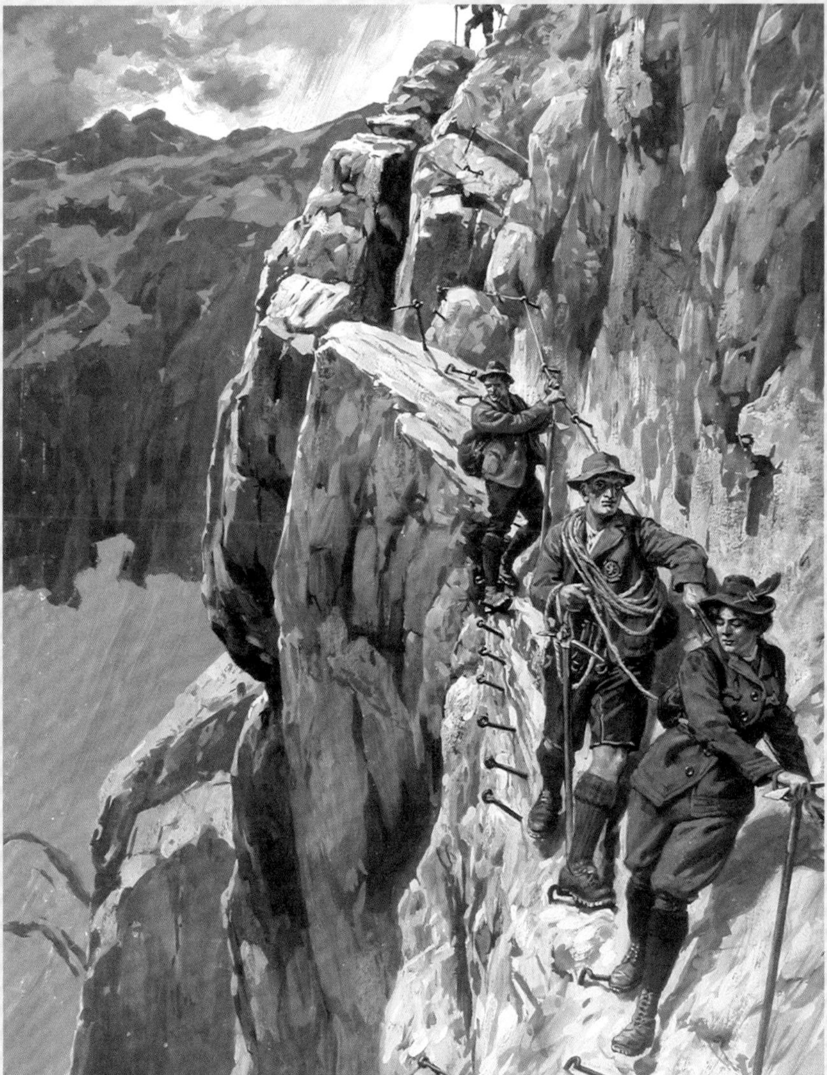

Ernst Platz, 1867–1940
Abstieg durch das Höllental von der Zugspitze, 1900
Tempera, Grisaille auf Karton, 48 x 35 cm
München, Alpines Museum des Deutschen Alpenvereins

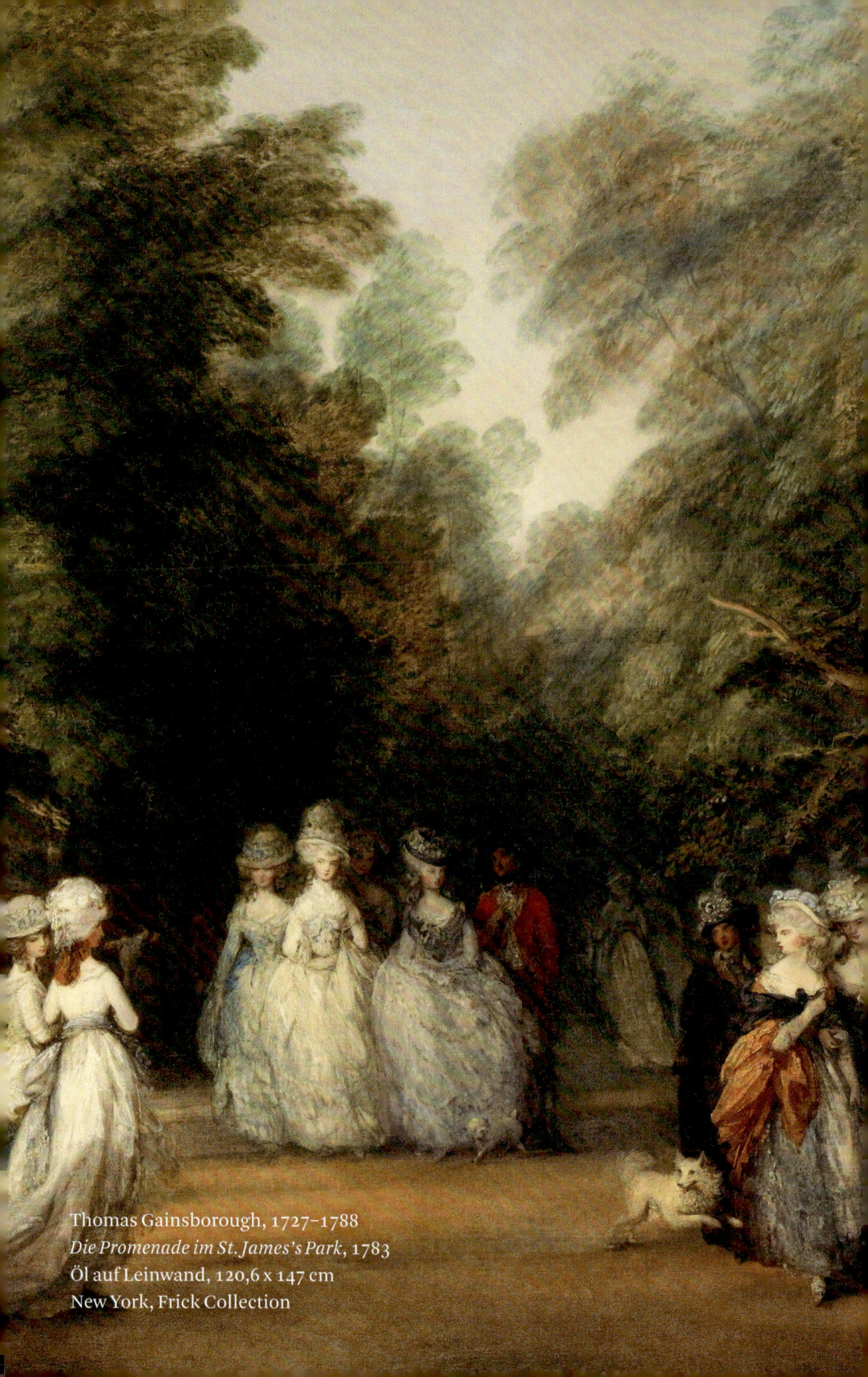

Thomas Gainsborough, 1727–1788
Die Promenade im St. James's Park, 1783
Öl auf Leinwand, 120,6 x 147 cm
New York, Frick Collection

1. KAPITEL

Von den Promenaden des Adels zu den Spaziergängen des Bürgertums

»Das Promenieren ist Ausdruck der Gesellschaft«

Honoré de Balzac, 1799–1850

»Ohne von einem Bedienten, oder in dessen Ermangelung von ihrem Jungfernmädchen sich folgen zu lassen, hätte keine Frau aus den höheren Ständen auch nur den kleinsten Weg über die Straße zurückgelegt.«

Johanna Schopenhauer, 1766–1838

Das Promenieren im Barockgarten war seiner Geometrie und Architektur unterworfen, denn Garten und Park mit seiner zentralen Blickachse sollten Sinnbild sein für den absolutistischen Herrschaftsanspruch und die hierarchisch gegliederte Gesellschaftsordnung. Auf fest angelegten Wegen und in symmetrisch organisierten Alleen bewegten sich Frauen und Männer in einem starren, kunstvollen Rahmen nach festem Reglement in Bezug auf Benehmen und äußere Erscheinung. Das aristokratische Lustwandeln entsprach somit der von Galanterie, Etikette, Höflichkeit, Manieren und Konversation beherrschten, verfeinerten höfischen Lebensweise.

Doch nach und nach begannen die Spaziergänge zwischen geradlinigen Alleen und gekünstelter Natur mit den überaus korrekt beschnittenen Sträuchern und Bäumen in ihrer Monotonie zu langweilen. Zudem fanden gegen Ende des 18. Jahrhunderts auch immer mehr Adlige Zugang zum Gedankengut der Aufklärung. Dass der Mensch sich in einer solch domestizierten Umgebung von der Natur entferne und keine echten Gefühle und Stimmungen empfinden könne, war Teil dieser neuen Sicht auf die Welt.

Vor diesem Hintergrund entwickelte sich von England ausgehend ein neuer Landschaftspark, der in Form und Stil ein Gegenmodell zum reich dekorierten höfischen Barockgarten lieferte und die natürliche, nur durch wenige Grenzen eingeengte, freie Landschaft widerspiegeln sollte. In diesen modernen Parks geriet die Natur zum Symbol der neuen gesellschaftspolitischen Vorstellungen einer sich frei entwickelnden Gesellschaft innerhalb der konstitutionellen Monarchie. In der solchermaßen befreiten und befreienden Natur hatte auch der Mensch in einer neuen Spazierweise die Möglichkeit, zu seinen eigenen Ursprüngen zurückzufinden.

Flanieren bedeutete vor allem aber auch Sehen und Gesehen-Werden, eingeschlossen das öffentliche Präsentieren weiblicher Schönheit. Das Sichzeigen in der Öffentlichkeit wurde nun auch zu einem Element der bürgerlichen Promenaden in den seit Mitte des 18. Jahrhunderts sukzessive für die Allgemeinheit zugänglichen Park- und Gartenanlagen des Adels. Dort konnten sich jetzt Frauen und Männer aus unterschiedlichen Gesellschaftsschichten »frei« begegnen, weshalb man es zunächst für notwendig hielt, für die Aufrechterhaltung der sogenannten guten Sitten Ordnungshüter einzusetzen. Verschwiegene Winkel und verschlungene Wege schienen nur allzu verlockend für »Gefahren« aller Art, beginnend mit amourösen Begegnungen bis hin zu anstößigem und gesetzeswidrigem Verhalten.

Bilder von bürgerlichen Spaziergängen in öffentlichen Garten- und Parkanlagen bieten so vielfältige, kulturgeschichtliche, zuweilen karikierende Einblicke in die Gesellschaft der Zeit. Denn das Gehen »auf freien Füßen« konnte nach den Regeln des eleganten Lebens nicht einfach so erlernt werden, wie der französische Schriftsteller Honoré de Balzac um 1830 in seiner Theorie des Gehens bemerkte. Balzac, ein genauer Beobachter seiner Mitmenschen sowie der Ansicht, dass der Gang den Menschen verrate und die Eleganz eine angeborene Gabe sei, dachte daran, Regeln des Gehens und damit eine Lehre des sozialen Lebens seiner Zeit zu erstellen.

Im 19. Jahrhundert avancierten die Grünflächen in den Städten zu den beliebtesten Spazierräumen ihrer Bewohner und spiegelten so das neue bürgerliche Verständnis vom Umgang mit der Natur sowie die wachsende Bedeutung von Hygiene und gesunder Lebensweise, zu der Bewegung an frischer Luft gehörte. Zugleich waren städtische Parks

Orte der Geselligkeit und Unterhaltung. Dabei offenbarte sich ebenso die wachsende Bedeutung eines bürgerlichen Familienlebens, in dem der Frau die Rolle als Ehegattin, Hüterin des Hauses und Mutter gebührt. Viele der öffentlichen Parkanlagen verwandelten sich in große Spielplätze für Kinder in Begleitung ihrer Ammen, Kindermädchen oder Mütter, und der Spaziergang im Park wurde fester Bestandteil im Tagesablauf für die ganze Familie, zunächst nur an Sonn- und Feiertagen, später nach beendeter Arbeit auch an den Abenden in der Woche.

Erst gegen Ende des 19. Jahrhunderts aber wurde es möglich, dass Frauen in öffentlichen Grünanlagen tagsüber allein promenierten, ohne sich dabei dem Vorwurf der Leichtlebigkeit auszusetzen. Dabei galt es, Regeln einzuhalten, wozu angemessene Bekleidung ergänzt durch Hut, Handschuhe, Sonnenschirm ebenso zählten wie das Mitführen von Gegenständen, die sinnfällig machen, dass die Spaziergängerin nicht dem Müßiggang frönt: Bücher, Handarbeitsbeutel – oder sicherlich auch ein Hund.

Nach Anbruch der Dunkelheit hätte sich jedoch keine ehrbare Frau ohne Begleitung in den Park gewagt. Allein promenierend waren dort nach dem Entzünden der Gaslaternen ausschließlich Liebesdienerinnen unterwegs. Die wahre Befreiung des Gehens auf eigenen Füßen für Frauen fand auf diesen Wegen offenbar nicht statt, tatsächlich waren sie dafür nicht der richtige Ort.

Parkanlagen und öffentliche Gärten sind heute aus den Städten nicht mehr wegzudenken. Im Vergleich zu anderen allgemein zugänglichen Bereichen kann man sich hier »häuslich« niederlassen, auch wenn gewisse Umgangsformen und Konventionen gewahrt bleiben. Es sind vom übrigen Stadtleben abgegrenzte, geschützte Enklaven, die Freiraum für Begegnungen, Erholung und spielerische Aktivitäten bieten. Und der Spaziergang dort dient längst nicht mehr der Repräsentation und garantiert auch nicht mehr die Teilnahme am gesellschaftlichen Leben wie noch im 18. und 19. Jahrhundert.

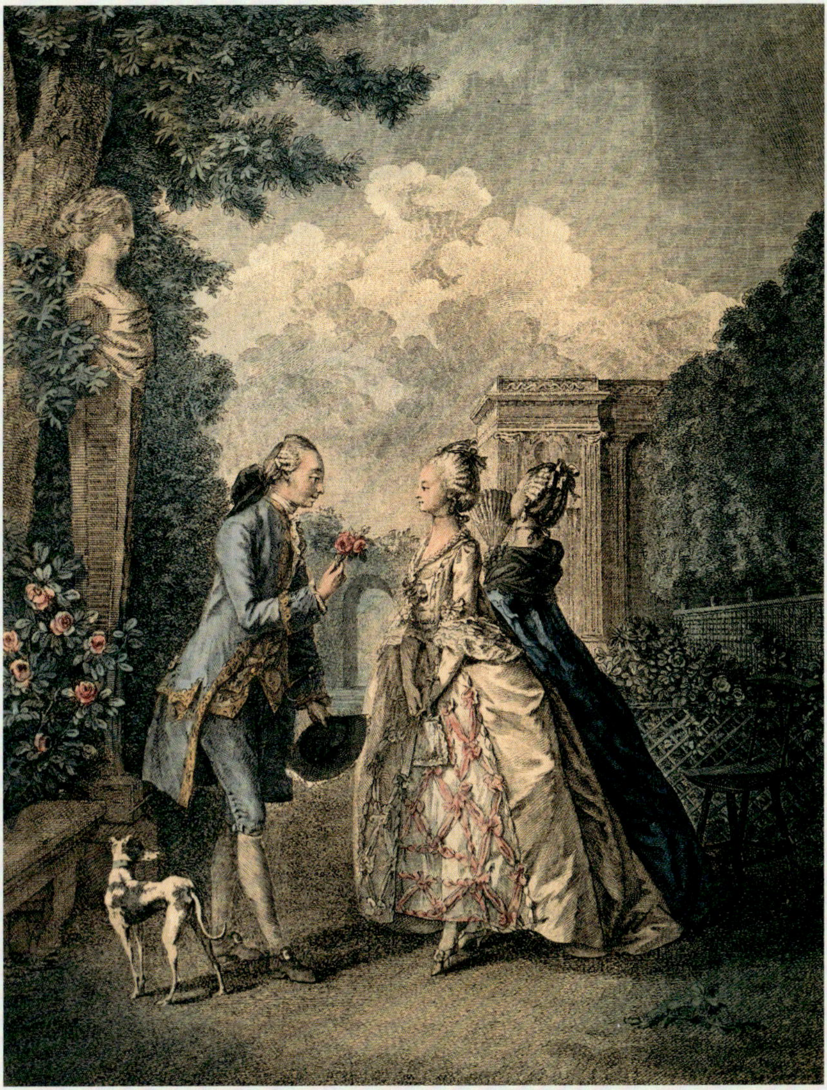

Pierre Charles Ingouf, 1746–1800
Die Promenade am Abend
Kupferstich nach einer Zeichnung von Sigmund Freudenberger,
aus: *Geschichte der französischen Sitten und Moden des 18. Jahrhunderts*, Paris 1775

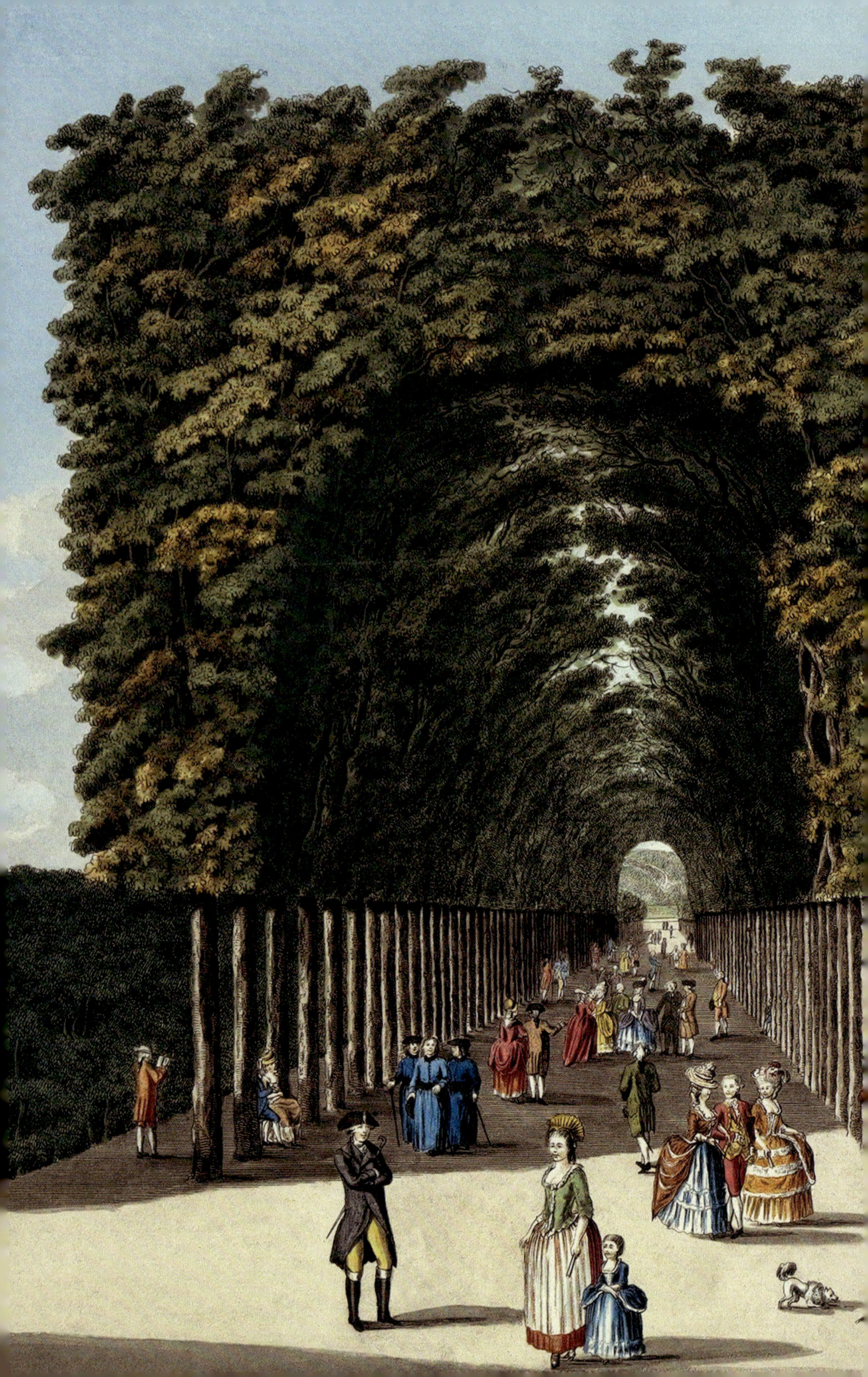

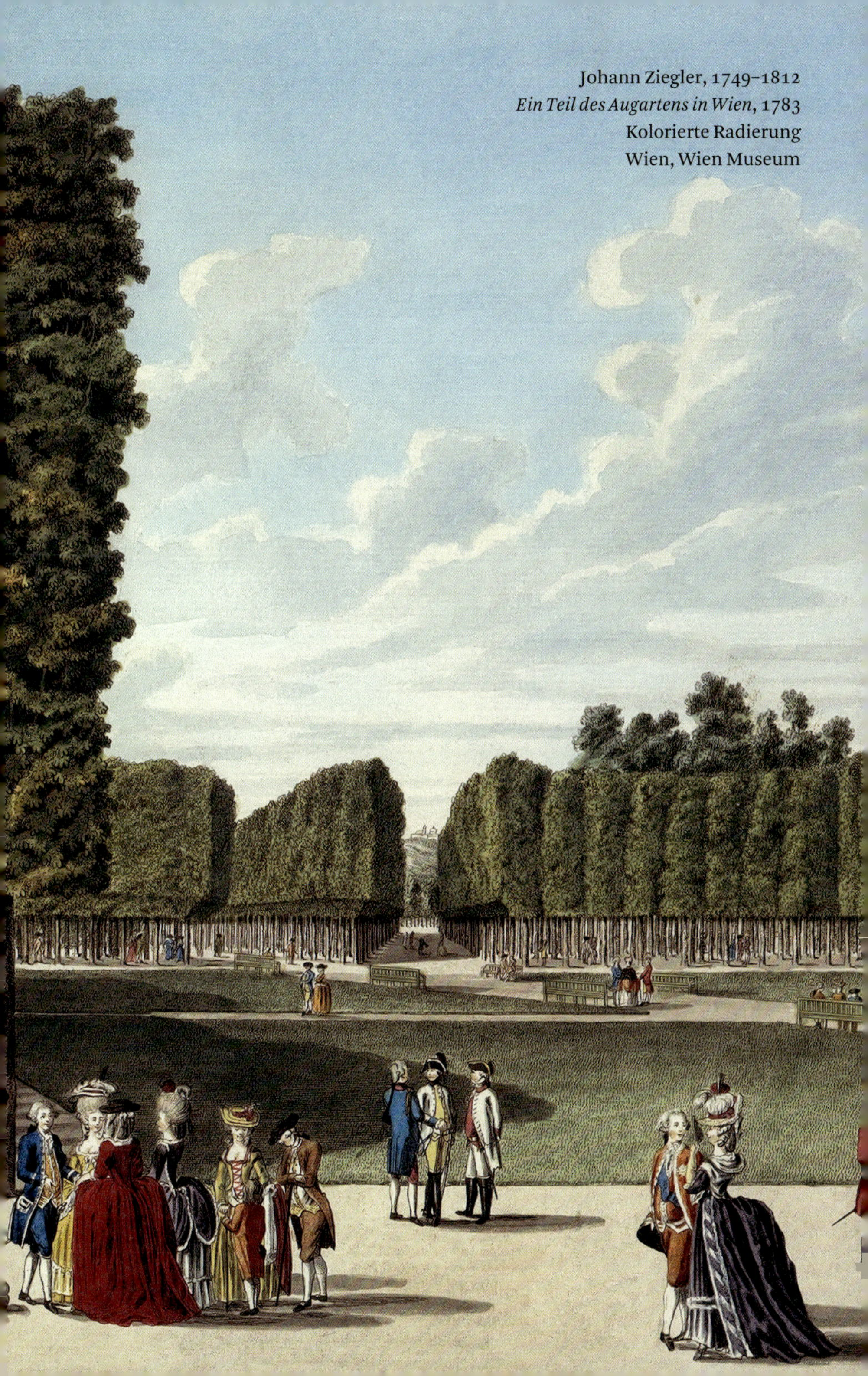

Johann Ziegler, 1749–1812
Ein Teil des Augartens in Wien, 1783
Kolorierte Radierung
Wien, Wien Museum

Anonym, *Karikatur auf den Kopfschmuck während der Promenade*, um 1770
Kolorierter Kupferstich

Von einigen Modetorheiten

»Und da fahren sie nun, diese Beaux und ihre Ergänzung, die federgekrönten, feder-leichtsinnigen Damen, immer im Park rundherum, als wären sie Blätter oder eher Federn, die der kalte Wind dahinbläst. [...] Die Damen tragen jetzt Federn, die genauso lang sind wie sie selbst, so dass eine solche Dame, wenn sie steht, doppelt so lang ist, wie wenn sie in ihrem Bett liegt [...] Eine junge Dame, die *nur zehn Fuß* [circa 3 Meter] *hoch* war, wurde jüngst auf dem Portland Place von einem Sturmwind umgerissen und der Hauptmast ihrer Federn bis nach Hampstead Hill geweht. Es waren dies Federn des Argus-Fasans, der indischen Ara, des Argilla, des flachen und des Stachelschwein-Straußes und des Seringapotum; der Rest ihres Aufzugs war noch leichter als die Federn, und ›als Folge der [herrschenden] Musselin-Mode [...] fingen achtzehn Damen Feuer und weitere achtzehntausend fingen sich einen Schnupfen‹«, berichtete die englische Schriftstellerin Edith Sitwell (1887–1964) in amüsiertem Ton über die Modetorheiten promenierender Landsleute um 1800.

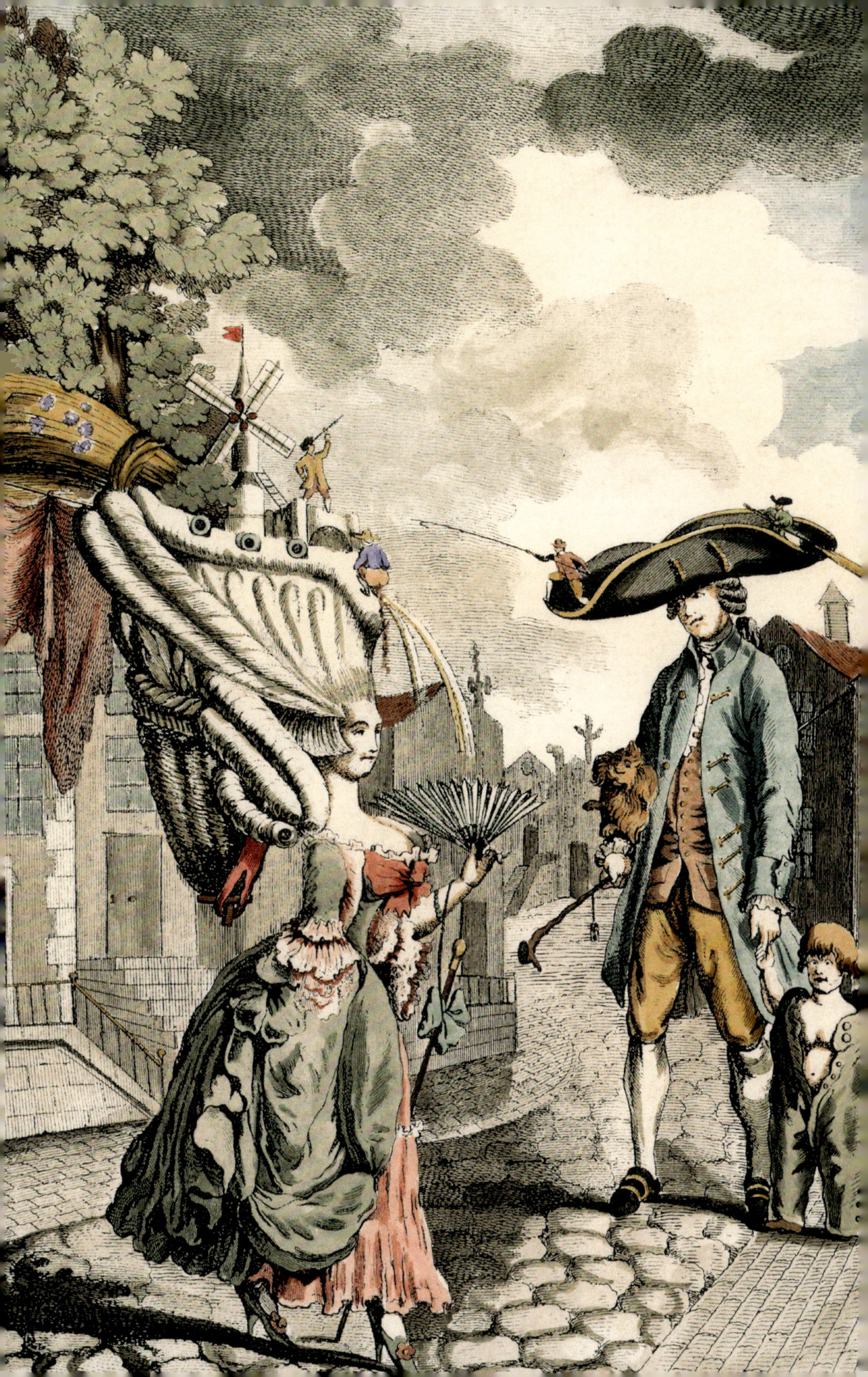

Hendrik de Leth, 1703–1766, und
Matthaeus Brouerius van Nidek, 1677–1743
Gartenaufriss des Landsitzes Waterland bei Velsen mit Promenierenden, um 1721
Farbige Lithographie, 14,1 x 19,5 cm
Privatsammlung

Kunstvolle architektonische Formen

Nach französischem Vorbild waren die Sträucher, Hecken und Bäume des Landsitzes Waterland, der sich ab 1721 in Besitz des Bürgermeisters von Amsterdam Dirck Trip (1691–1748) befand, als kunstvolle architektonische Formen gestaltet. Das Promenieren vollzog sich in der symmetrischen Gartenanlage sichtbar in geometrisch festgelegten Bahnen, zwischen geradlinigen Alleen und gekünstelter Natur. Es spiegelte so die Lebenseinstellung der reichen Bürger, die in der Parkanlage nicht das Naturerlebnis suchten, sondern sie zur Demonstration ihrer allumfassenden Macht benutzten. Die Natur wurde zum Dekor der Repräsentation.

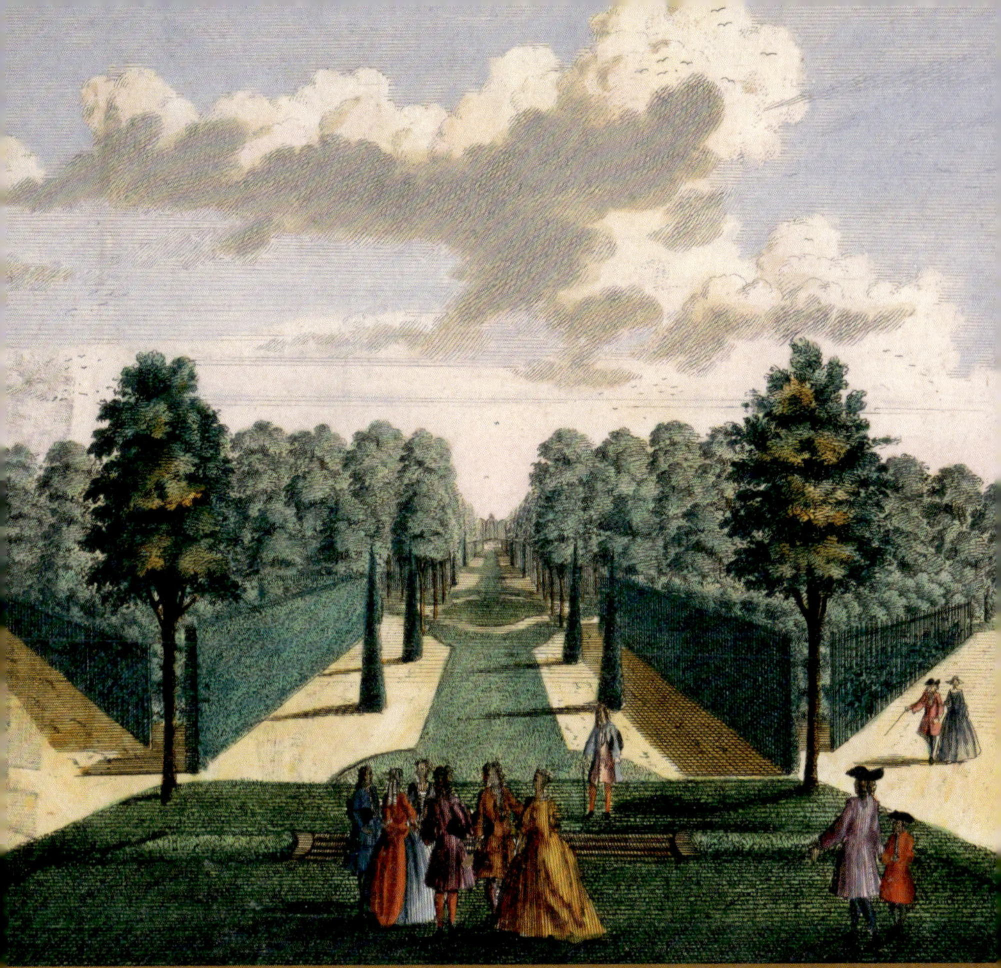

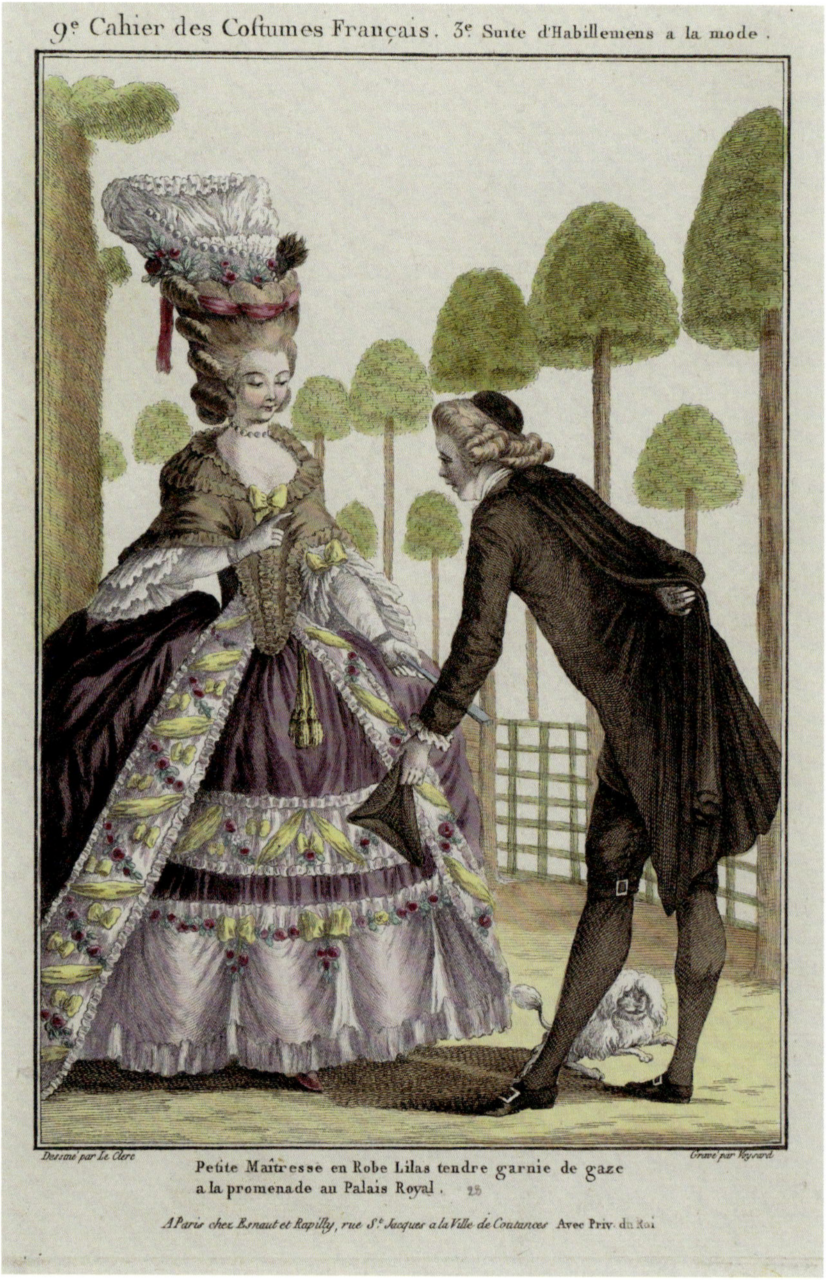
9e Cahier des Costumes Français. 3e Suite d'Habillemens a la mode.
Dessiné par Le Clerc
Gravé par Voysard
Petite Maîtresse en Robe Lilas tendre garnie de gaze
a la promenade au Palais Royal. 28
A Paris chez Esnaut et Rapilly, rue St. Jacques a la Ville de Coutances Avec Priv. du Roi

ZEREMONIELL DES COMPLIMENTS

Ein Spaziergang in den Pariser Gärten und parkähnlichen Promenaden glich einer Zeremonie, deren Regeln und Konventionen die Teilnehmer zu respektieren hatten. Alles unterlag der Kontrolle, beginnend vom Gruß der Spaziergänger bis hin zur Gestik und Haltung. Promenaden wurden zu einem nicht unerheblichen Teil nach der Anwesenheit ranghoher Persönlichkeiten und schöner Frauen beurteilt.

Es kommt sehr viel darauf an, wie und wem man sein Compliment macht. Gegen Personen hohem Standes und von altern Jahren wird man sich anders und mit einer andern Miene verbeugen, als gegen seines Gleichen. Auch das verschiedene Geschlecht und das Verhältniß, in dem wir zu gewissen Personen stehen, erfordert ein anderes Compliment. Freundlicher ist die Miene, wenn sich Dame gegen Dame, vielleicht Freundin gegen Freundin verneigt, als wenn eine Fremde oder eine Person männlichen Geschlechts sich nahet, wo ein sanfter Ernst gebieten muß [...] Viele deuten es sehr übel, wenn man sich gegen sie nicht so tief verneigt, als sie es ihrem Range nach von uns fordern zu können glauben. [...] Wer aber den Personen geringeren Standes eben ein solches Compliment machen wollte, wie Vornehmeren, der würde sich Lächerliche fallen und diese in Verlegenheit setzen. Ueberbaupt muß Gefühl und Aufmerksamkeit auf gebildete Personen es am beßten lehren, welche Complimente eben am schicklichsten und passendsten sind.

Johann Adolf Werner,
Weibliche Körperbildung für Gesundheit, Kraft und Anmuth, 1834

Pierre Thomas Le Clerc, um 1740–nach 1799
Dame im violetten Promenadenkleid in den Gärten des Pariser Palais Royal, 1778
Kolorierte Gravur, Privatsammlung

John Richie, 1855–1897
Sommertag im Hyde Park, 1858
Öl auf Leinwand, 127 x 76 cm
London, Museum of London

Die grüne Lunge von London

Der Hyde Park, die grüne Lunge von London, gilt als eine der größten innerstädtischen Parkanlagen in Europa. Hier wurde auf speziell angelegten Wegen geritten, auf den Wiesen gepicknickt, Tennis gespielt, oder man unternahm kleine Bootsfahrten. Der Park war ab 1851 öffentlich zugänglich und wegen seiner differenzierten Spazierwege, den »stummen Führern der Fußgänger«, und seines Baumreichtums sehr beliebt. Welche Bedeutung das Zufußgehen in der Stadt, in den Straßen und in den Parkanlagen besaß und welche Verhaltensregeln dabei zu beherzigen waren, beweisen die zahlreich publizierten Schriften und Ratgeber des 18. Jahrhunderts.

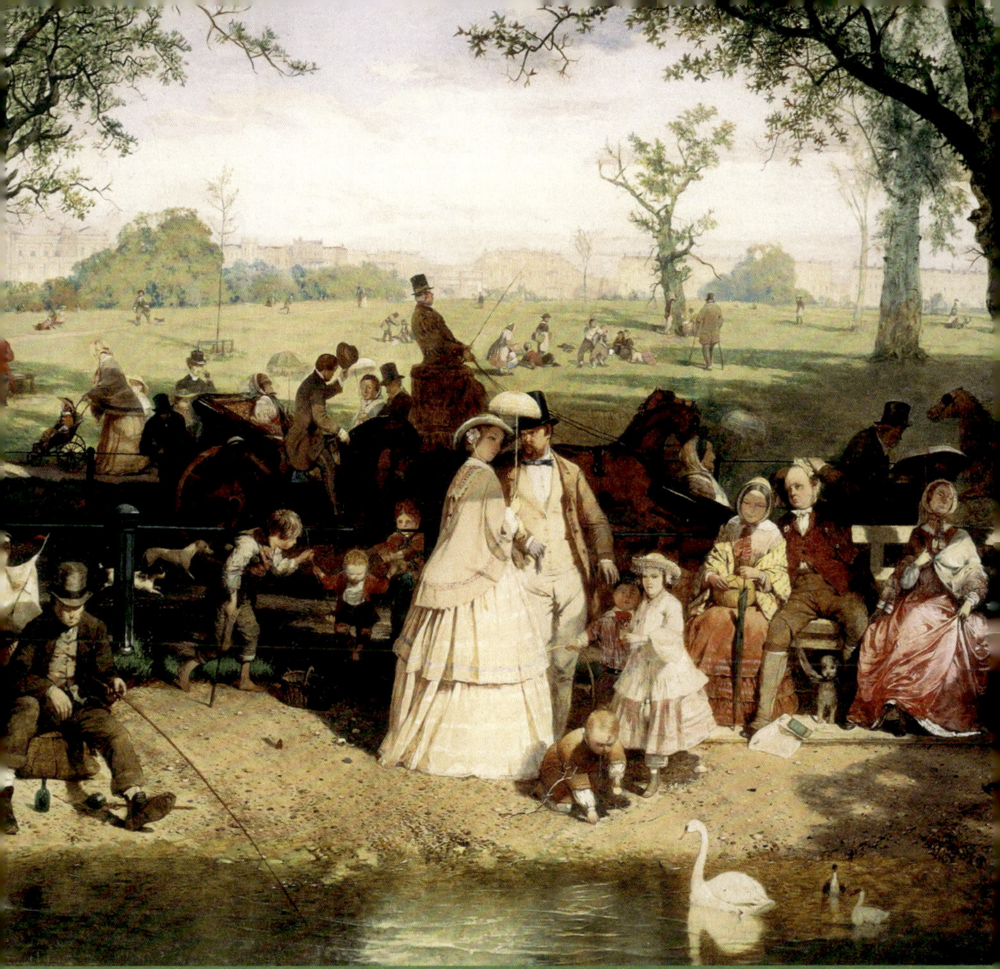

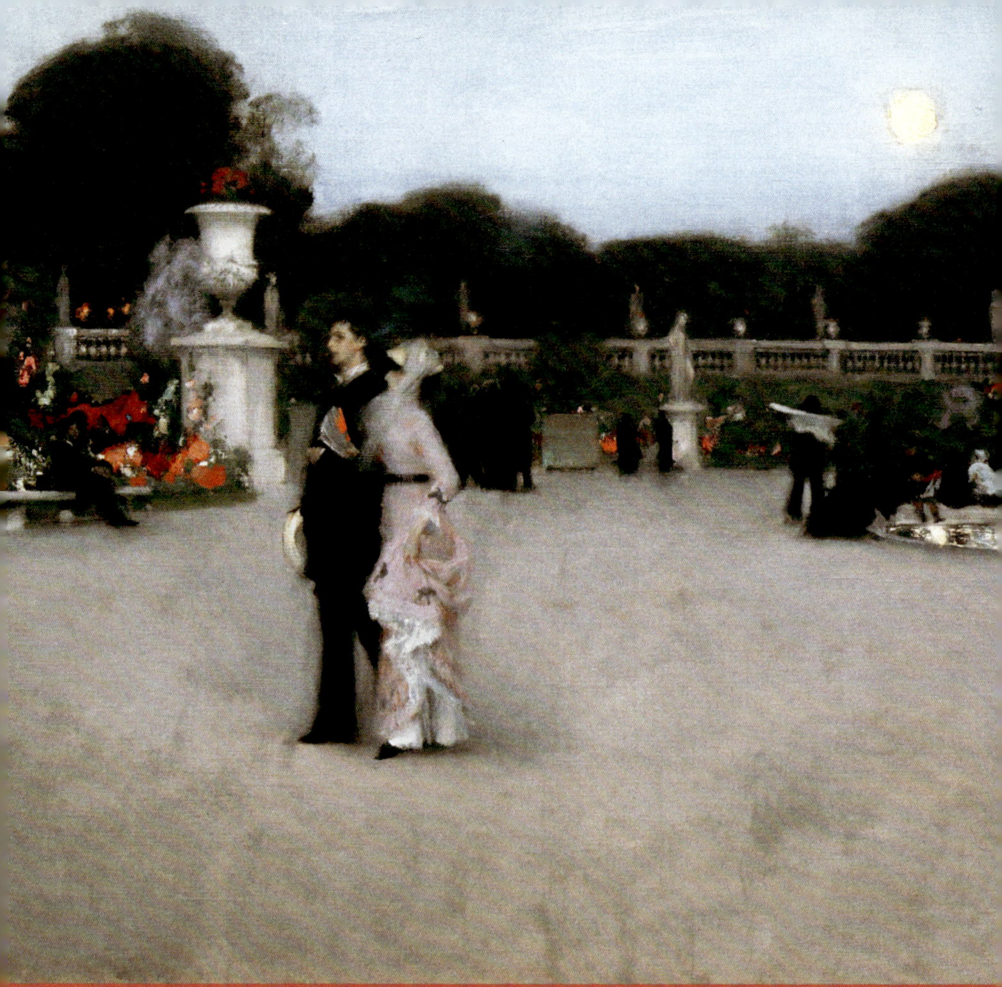

John Singer Sargent, 1856–1925
Abendspaziergang im Jardin du Luxembourg, 1879
Öl auf Leinwand, 65,7 x 92,4 cm
Philadelphia, Philadelphia Museum of Art

Erholung in der Stadt

Der ehemals königliche Schlosspark des Jardin du Luxembourg gehört zu jenen Gärten, die unter Napoleon III. und seinem Präfekten Georges-Eugène Haussmann im Zuge der städtebaulichen Umgestaltung von Paris nach 1850 in eine Erholungsstätte für alle Pariser Bürger verwandelt wurden. Hinter der Demokratisierung öffentlicher Grünanlagen verbarg sich in Hinblick auf die Arbeiter auch ein moralischer Aspekt. Diese sollten hier Freude finden an sonntäglichen Familienausflügen oder erholsamen Abendspaziergängen, statt in ihrer Freizeit Tavernen aufzusuchen. Und selbstverständlich spazierten anständige Frauen am Abend nur in Begleitung.

Der englische Maler John Singer Sargent, der seine Karriere in Paris startete und später in London zum geschätzten und teuersten Gesellschaftskünstler der gehobenen Gesellschaft avancierte, war bei aller maltechnischen Gewandtheit ein genauer und sensibler Beobachter seiner Zeit.

GEWISSE REGELN, DIE DER ANSTAND FORDERT

Johann Adolf Ludwig Werner (1794–1866) wies schon im 19. Jahrhundert auf die gesundheitliche und pädagogische Bedeutung der Gymnastik hin und forderte seine Zeitgenossen auf, sich mehr zu bewegen. Auf Werner geht der Begriff Heilgymnastik zurück. 1830 führte er an einer von ihm in Dresden gegründeten, privaten Schule erstmals das Mädchenturnen in Deutschland ein. 1839 veröffentlichte er ein Lehrbuch dazu und eröffnete später eine Gymnastische Akademie für Jungen und Mädchen.

Regeln über den äußeren Anstand

Das Bleibende, Beständige in der körperlichen Haltung eines Menschen, in der Art und Weise, wie er steht, geht und sitzt, das nennen wir Anstand. [...] Kein gebildeter Mensch darf sich in Hinsicht des körperlichen Anstandes vernachlässigen, da er die sichtbare Beschaffenheit unseres Innern darstellt und gleichsam ein Abdruck desselben ist.

Die Stellung und Haltung des Körpers, wenn er in Ruhe oder Bewegung ist, hat gewisse Regeln, die der Anstand lehrt, welchen Niemand unbeachtet lassen darf, wenn er in Anderen Wohlgefallen erwecken und nicht Missfallen oder Lächeln erregen will. Wie vortheilhaft unterscheidet sich die gebildete, wohlerzogene Jungfrau bei allen körperlichen Bewegungen von der ungebildeten, rohen ihres Geschlechts! [...] Der Körper muss eine grade Stellung haben, [...]. Aufrecht schuf uns die Natur!

Man vermeide das Hinüberwerfen des Kopfes, wie man es bei Aufgeblasenen oder bei Koketten findet; seine Bewegung zeige von innerer Ruhe. Vorwärts oder nach einer Seite hin soll er auch nicht hängen; neigt er sich, so halte er auch dann die Mittelstraße, nicht zu hoch und nicht zu tief, nicht schnell, sondern mit einer gewissen Langsamkeit. Nie erlaube man sich, statt einer Antwort, das Nicken oder Schütteln mit dem Kopfe. [...] Nie fasse man Jemanden, mit dem man spricht, an der Kleidung; es drückt dieß eine Vertraulichkeit aus, die vorzüglich den Höhern oder Unbekannten beleidigen könnte.

Auch im Gehen giebt es eine schickliche und unschickliche Manier, welche uns gewissermaßen den Charakter des Gehenden bezeichnet. Das kräftige, starke Auftreten im Gehen zeigt Muth, Entschlossenheit, Selbstvertrauen, auch wohl Hochmuth. Dem Manne, der so einher geht, ist es zu verzeihen, leiser aber soll die Jungfrau auftreten, damit man sie nicht herrschsüchtig, gebieterisch, verachtend und stolz nenne. Manche missfällt schon durch ihren Gang: die Träge geht langsam, die Unruhige schnell. Ein schleppender Gang, wenn ihn nicht Alter und Gebrechlichkeit entschuldigt, zeigt von Kraftlosigkeit und phlegmatischem Wesen. Munterkeit und frohes Leben herrsche in den Bewegungen der Jugend, die Bedachtsamkeit älterer Menschen leuchte aus ihrem Gange hervor! Ein hüpfender Gang würde bei feierlichen Gelegenheiten Unachtsamkeit und Leichtsinn verrathen. Wer bei seinem Gange sich steif erhebt und, wenn ich so sagen darf, die Nase in die Höhe trägt, als ob sie über andere hinwegsehen wollte, verräth die Einbildung einer Eiteln und Selbstgefälligen.

Am wenigsten steht es einem Mädchen wohl an, wenn sie beim Gehen die Füße zu sehr ein- und auswärts setzt, wenn sie zu große Schritte macht, wenn sie schwerfällig auftritt, als ob sie mit einer Last beladen wäre. Ein zu schneller Gang, wenn nicht dringende Ursachen dazu zwingen, geziemt sich für eine Jungfrau nicht; er deutet Unruhe, Flatterhaftigkeit, unstätes Wesen an, und läßt sich nicht entschuldigen, jede übereilte Bewegung ist gegen den Wohlstand […]. Mögen Kinder laufen, Greise und Kranke langsam gehen, die anständige Jungfrau halte die Mittelmaße. Schweres Auftreten, so daß man jeden Fußtritt hört, gestattet man nur dem gemeinen, ungezogenen Menschen, nicht der gesitteten Jungfrau, die gleichsam sanft und leise einherschweben soll.

Johann Adolf Werner,
Weibliche Körperbildung für Gesundheit, Kraft und Anmuth, 1834

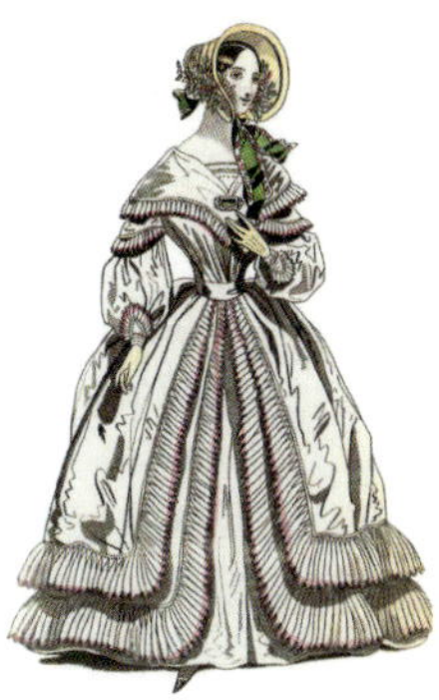

Neue Blickwinkel

Nach der Französischen Revolution verwahrloste der Pariser Park Bois de Boulogne zunehmend. Im Rahmen der städtebaulichen Modernisierung von Paris, die Kaiser Napoleon III. von seinem Präfekten Haussmann umsetzen ließ, wurde er beispielhaft umgestaltet. Er erhielt ein neues, nun nicht mehr parallel und geometrisch verlaufendes Wegenetz, das durch Felsen, Grotten, Teiche und den großen – hier im Bildhintergrund sichtbaren – See ergänzt wurde. Ab den 1870er-Jahren, nach Abschluss der sogenannten »Haussmannisierung«, wurde er zur gefragtesten Pariser Promenade. Hier traf sich die Pariser Eleganz, hier wurden die exklusivsten Garderoben vorgeführt. Dazu gehört zweifellos auch die Kleidung der jungen Spaziergängerin, deren Porträt der italienische Maler Vittorio Matteo Corcos schuf. Er galt als hervorragender Interpret des modernen Lebens. Einer zeitgenössischen Kritik folgend, zeigen seine Gemälde von zumeist jungen, träumerisch blickenden Frauen – die ausdrucksvolle Betonung der Augen war ein Markenzeichen des Künstlers – selbstbewusste junge Damen, die allein und ohne Begleitung auf eigenen Füßen gingen.

Corcos lebte von 1880 bis 1886 in Paris und schätzte den Bois de Boulogne als Ort weiblicher Promenaden zu jeder Jahreszeit; in diesem Fall wählte er die herbstliche Landschaft als reizvollen Kontrast zur jugendlichen Blüte der Spaziergängerin.

Die junge Dame ist in der Tat auf sehr eigenständige Weise unterwegs. Sie hält eine portable Holzkamera in den Händen, vermutlich eine Magazinkamera des Fabrikats Delta Krügener, die ab 1893 auf den Markt kam und gerne von Amateuren und unter anderem auch von Künstlern verwendet wurde. Sie ist ein wunderbares Beispiel dafür, wie sich für Frauen auf eigenen Füßen neue Sichtweisen eröffneten.

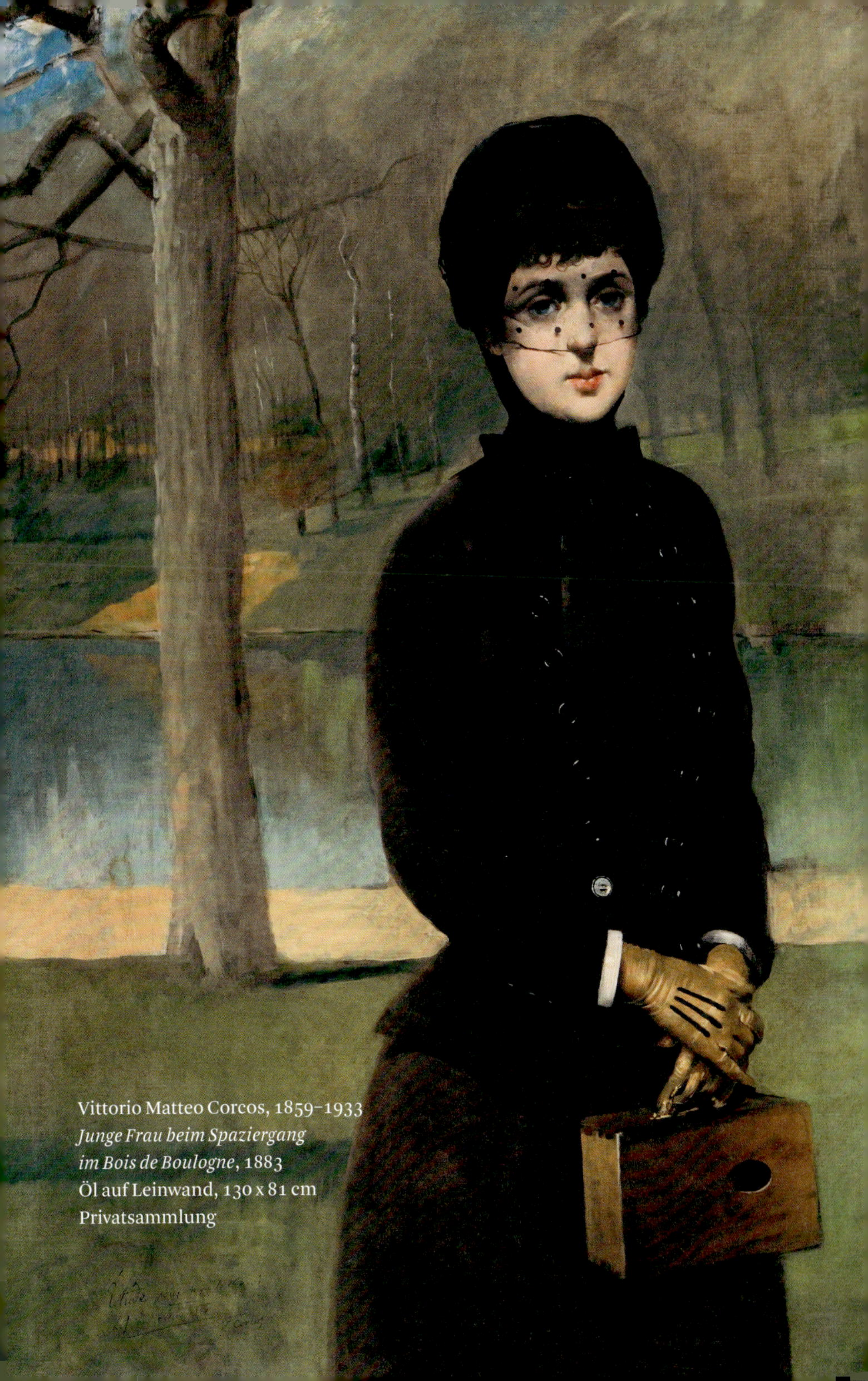

Vittorio Matteo Corcos, 1859–1933
Junge Frau beim Spaziergang
im Bois de Boulogne, 1883
Öl auf Leinwand, 130 x 81 cm
Privatsammlung

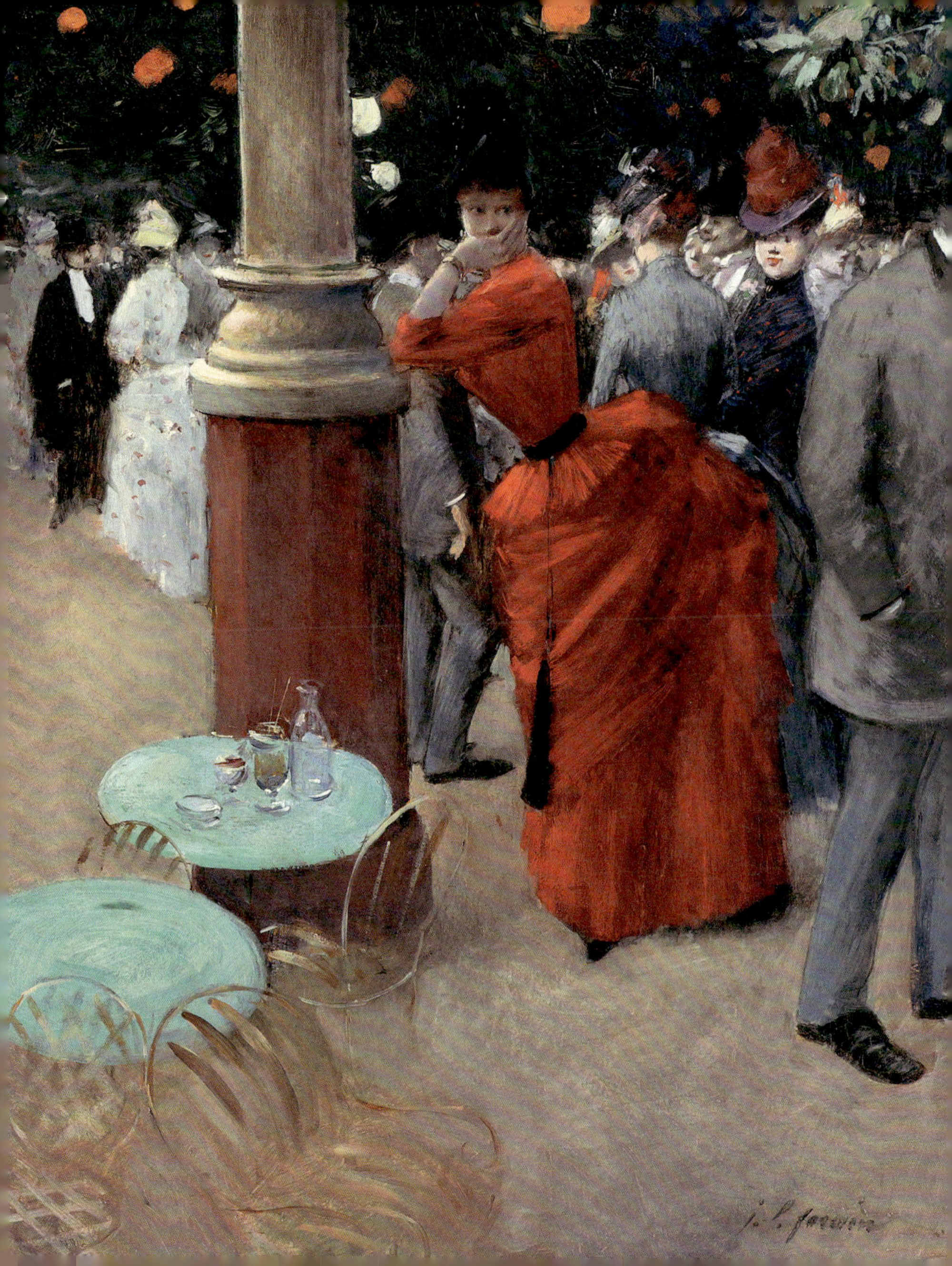

Jean-Louis Forain, 1852–1931
Im Jardin de Paris, um 1884
Öl auf Leinwand, 54,9 x 45,7 cm
Privatsammlung

Verräterische Details

Der Jardin de Paris, von den Champs-Elysées bis zu den Tuilerien sich erstreckend, galt in der zweiten Hälfte des 19. Jahrhunderts als der nobelste Park in Paris, den es zeitgenössischen Reiseführern folgend aus verschiedensten Gründen zu besuchen galt: »Ein Park ist kein Salon. Seine Fluchten sich kreuzender Alleen begünstigen Vertraulichkeiten und gewisse Freizügigkeiten. Es werden Blicke gewechselt, ein Handschuh, ein Taschentuch fällt, wird aufgehoben [...] ach, die Volten des Tuilerien-Gartens beginnen und enden alle gleich.«

Die Rede ist hier von den leichten Mädchen und Prostituierten, die sich mit Einbruch der Dämmerung und dem Entzünden der Gaslaternen in den Straßen und Parkanlagen spazierend einfanden. Man erkannte sie an ihrer Kleidung, am Putz, an Gang und Miene. Verräterische Details wie der Fächer am Gürtel, den man tagsüber so nicht trug, die nackten Unterarme und die nackten Hände (selbst im Sommer waren bei ehrbaren Frauen lange Handschuhe üblich), der suchende Blick und die aufreizende Haltung mit dem erotisch betonten Cul de Paris, vor allem jedoch die schreienden (und damit die Blicke auf sich ziehenden) Farben der Kleider, hier Rot, gehörten zu den Erkennungszeichen der leichtlebigen Damen.

James Wallace, 1872–1911
Herbstspaziergang im Kensington Park, um 1900
Öl auf Leinwand, 66,3 x 101,6 cm
Privatsammlung

Freiraum im Park

Kensington war immer schon (und ist es bis heute) ein vornehmer Stadtteil Londons. Der britische Maler James Wallace widmete sich mit Vorliebe und großer Erzählfreude Stadtansichten und schuf damit ein Porträt der viktorianischen und edwardischen Epoche. Anfangs waren die Park- und Gartenanlagen den Müttern und Ammen in Begleitung von Kindern nur mit Sondergenehmigung zugänglich. Doch im Verlauf des 19. Jahrhunderts erfreuten sie sich als geschützter Freiraum des häuslichen alltäglichen Bereichs so großer Beliebtheit, dass sie zunehmend ihre Bedeutung als Orte öffentlicher Repäsentation verloren. Soziale Unterschiede wurden nun am Spiel und an der Kleidung der Kinder gemessen. Und auch die Frauen ähnelten kaum noch den Vorgängerinnen im 18. Jahrhundert. Sie kamen nun hauptsächlich wegen der Kinder in die Gärten.

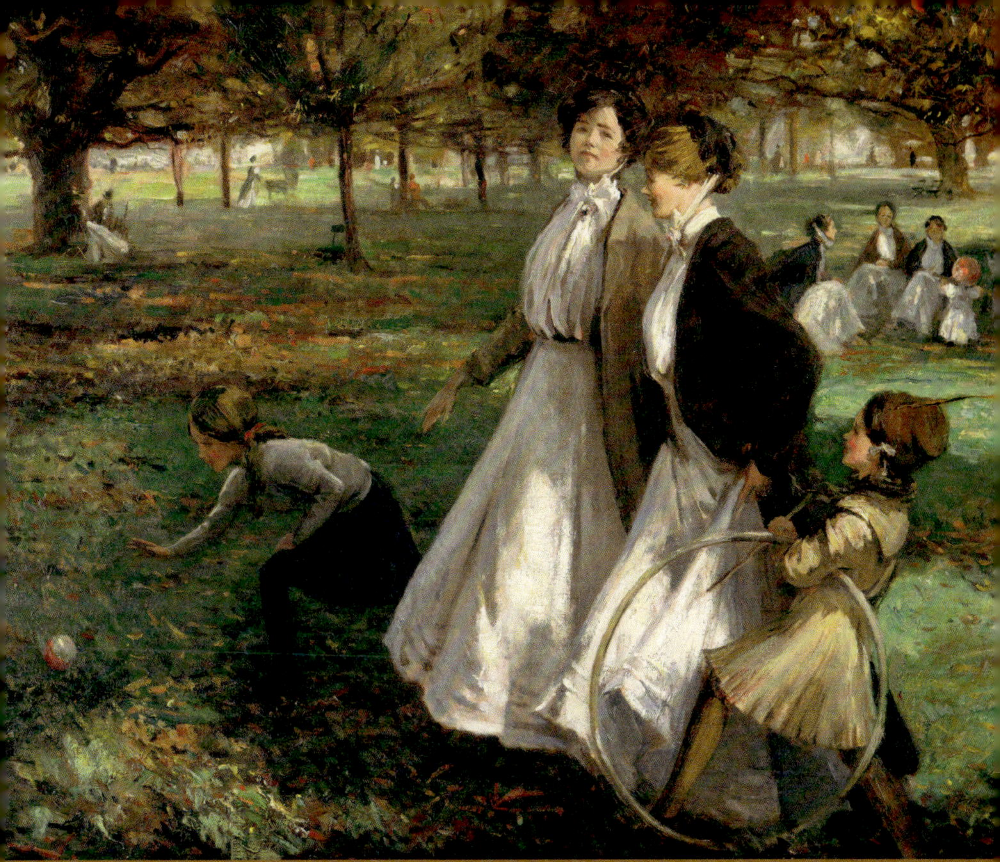

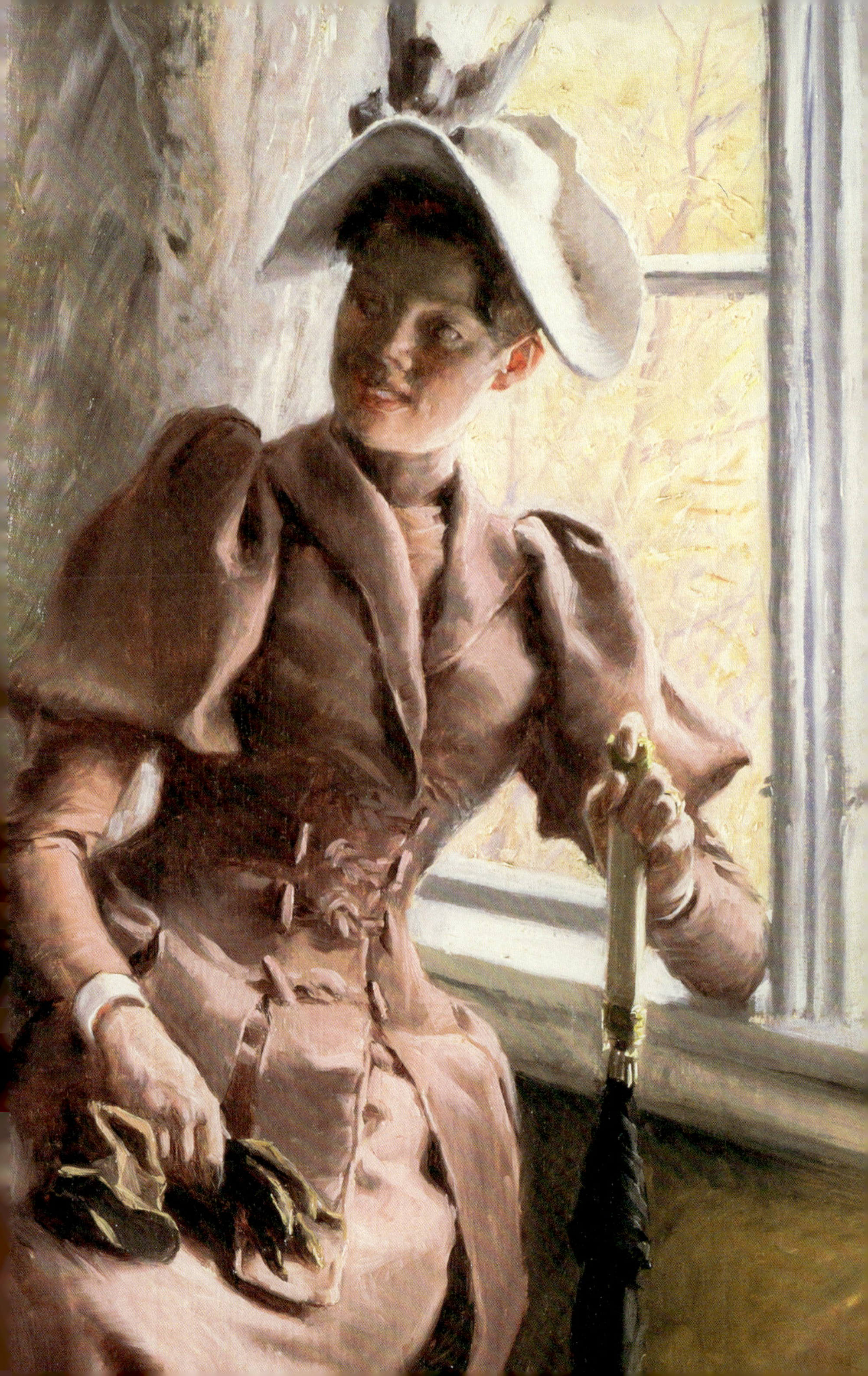

Paul Fischer, 1860–1934
Vorbereitung auf den Spaziergang, um 1900
Öl auf Leinwand
Privatsammlung

»Ich gehe viel spazieren, einmal einfach, weil strahlendes Wetter ist, dann auch, weil ich schon die kommenden Herbststürme vorausahne. So nütze ich wie ein Geizhals aus, was Gott mir schenkt.«

Marie Marquise de Sévigné, 1626-1696

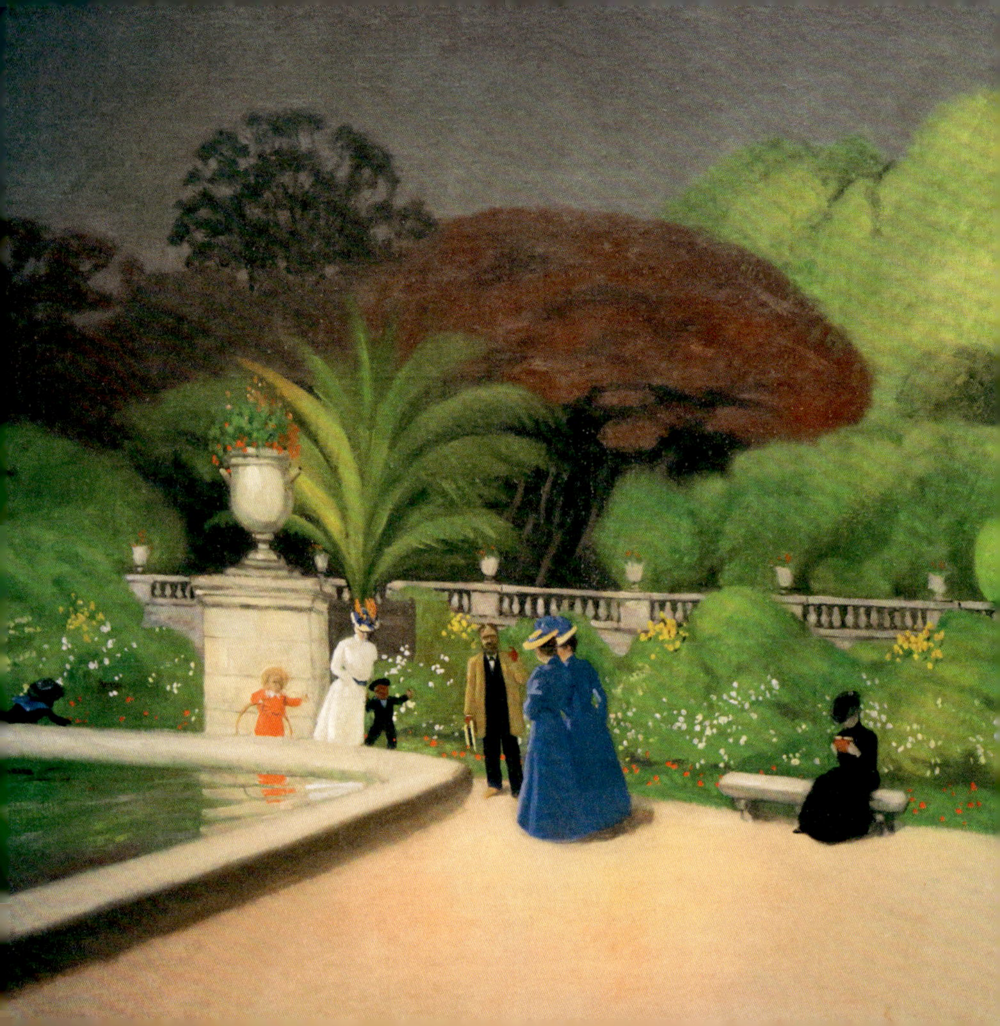

Félix Vallotton, 1865–1925
Der Jardin du Luxembourg (Spaziergang), 1905
Öl auf Leinwand, 73 x 100 cm
Privatbesitz

Abgründige Stimmung

An der Wende zum 20. Jahrhundert wurden die Erholungsflächen der Stadt immer größeren Gruppen der Gesellschaft zugänglich. Auch Arbeiter mit ihren Familien promenierten nun im Park. Das Augenmerk des französisch-schweizerischen Malers Félix Vallotton galt jedoch bevorzugt der bürgerlichen Klasse, deren verlogene Etikette und Sehnsüchte er mit zuweilen beißender Ironie attackierte. Und so scheint sich hier jenseits der Idylle des Familienspaziergangs durch das mysteriöse Licht und die, auf befremdliche Weise, verlebendigt anmutende Pflanzenwelt Unheimliches zusammenzubrauen.

In seinem halbbiografischen Roman *Das mörderische Leben* – 1907/08 geschrieben, veröffentlicht erst nach dem Tode Vallottons – beschreibt er seine täglichen Promenaden, am Morgen und am Nachmittag im Jardin du Luxembourg. Die akkurat gruppierte Vegetation und die architektonische Gliederung des Parks werden zur Kulisse der gepflegten und bisweilen abgründigen Langeweile des großstädtischen Publikums.

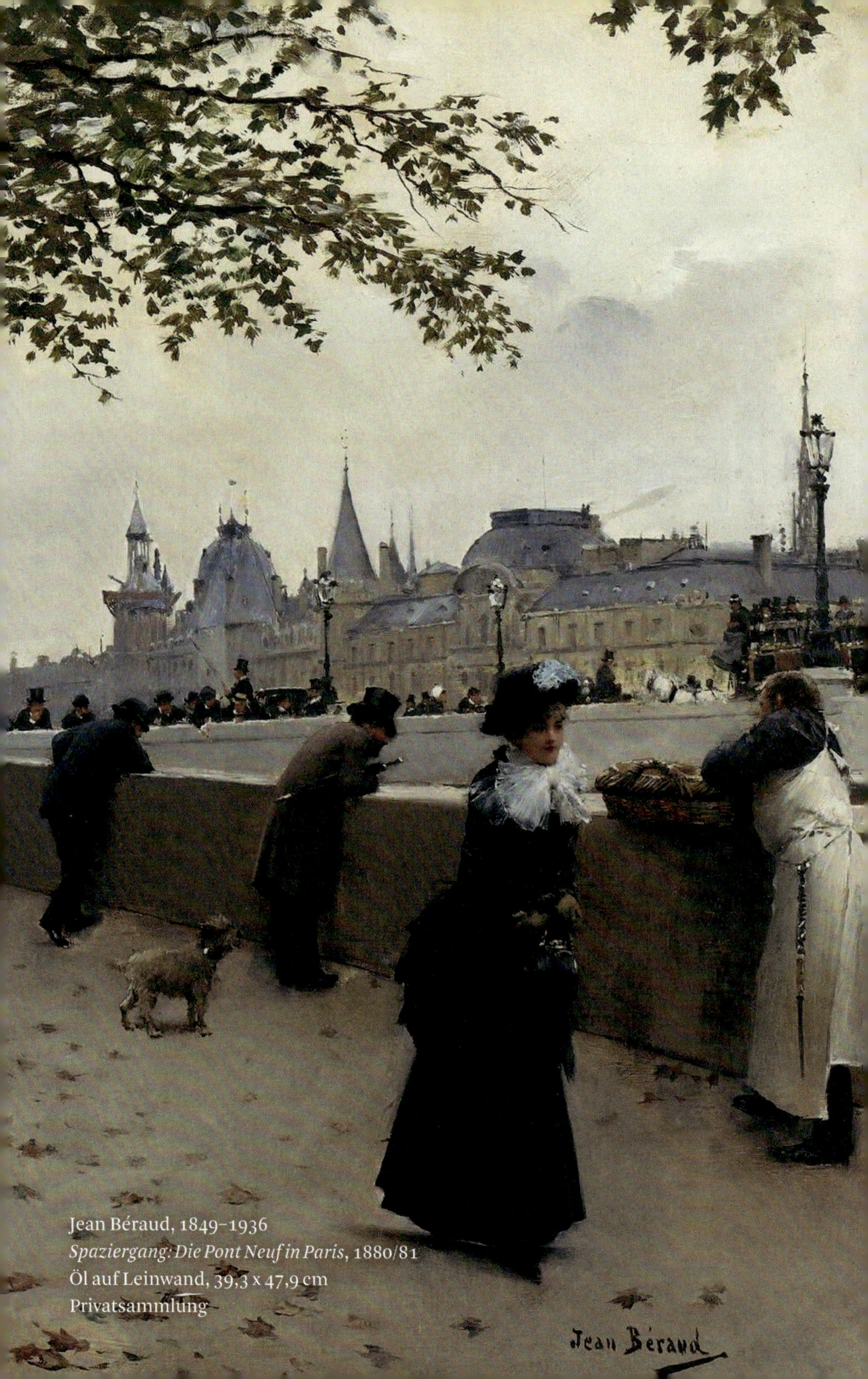

Jean Béraud, 1849–1936
Spaziergang: Die Pont Neuf in Paris, 1880/81
Öl auf Leinwand, 39,3 x 47,9 cm
Privatsammlung

2. KAPITEL

Flanieren und Müßiggang: Unterwegs in der Stadt

»Von den Malern bis vor kurzem missachtet, hat die moderne Straße mit ihren Passanten [...] nun Chronisten gefunden, die unsere Verhaltensweisen und unsere Steinlandschaft in lebensnahe Bilder übertragen und die genau deshalb von späteren Generationen gesammelt werden.«

Ernest Chesneau, 1833–1890

»Die Stadt präsentiert sich ihr in der Traumvision als ein einziges Strahlen, ein einziges weithin gleißendes Licht; alle Welt scheint auf den Beinen; Mond und Himmel sind verbannt; im Lodern ihrer eigenen Fackeln erblickt die Stadt ihre eigene Pracht – farbenfrohe Gewänder, vornehme Equipagen, schöne Pferde und edle Reiter fluten durch die hellen Straßen.«

Charlotte Brontë, 1816–1855

Ende des 18. Jahrhunderts wurden Spaziergänge und Wanderungen in freier Natur Bestandteil einer neuen Lebensform der aufstrebenden bürgerlichen Gesellschaft. Auch im Rahmen der Naturwissenschaften, die im 19. Jahrhundert entscheidend an Bedeutung gewannen, geriet mit der Lehre von der Dynamik und der Bewegung auch die Mechanik des Gehens zunehmend ins Blickfeld. Dies spiegelt sich in der Publikation zahlreicher mechanisch wie soziologischer Studien über das menschliche Gehen, wozu unter anderem die 1859 publizierte *Physiologie des Gehens* des amerikanischen Autors Oliver Wendell Holmes gehört. Er wiederum bezog sich auf Untersuchungen der deutschen Gebrüder Eduard und Wilhelm Weber (*Mechanik der menschlichen Gehwerkzeuge. Eine anatomisch-physiologische Untersuchung*, 1836), die eine mathematische Physik der Gehwerkzeuge zu etablieren versuchten.

Für Frauen traf die neue Kultur des Gehens jedoch in nur eingeschränkter Weise zu. Auch als sich mit dem Entstehen der Großstädte die Spazierwege von der Peripherie in die Zentren, auf die Boulevards, Plätze, Brücken und Straßen der einzelnen Viertel verlagerten, blieben die Unterschiede zwischen den Geschlechtern in der sogenannten Gehkultur noch sichtbar.

Wie sehr sich das Zufußgehen der Frau im Stadtraum von dem des Mannes unterschied, lässt sich anhand von malerischen Beispielen aus europäischen Städten des 19. Jahrhunderts zeigen, vor allem aus Paris. Die Stadt an der Seine war unbestritten die »Hauptstadt des 19. Jahrhunderts«, die erste nach modernen Konzepten umgestaltete Stadt, richtungsweisend im Städtebau und in der Kunst. Paris war zwar bereits Ende des 18. Jahrhunderts ein sehr beliebtes künstlerisches Sujet, doch mit der von 1853 bis 1870 realisierten Umgestaltung durch Hausmann avancierte es zu einer wegweisenden bildnerischen Thematik.

Ihr Erscheinungsbild mit geräumigen Straßen und Gehwegen, Avenuen und Plätzen bot interessante, bis dahin nicht gekannte Motive und einen gänzlich neuen Blick auf die Stadt. Urbaner Raum und städtisches Leben, der Spaziergang und das Flanieren, die zum Vergnügen oder geschäftig strömenden Menschen vermittelten ein neues Lebensgefühl. Oder anders ausgedrückt: Der Fußgänger und die Fußgängerin wurden im 19. Jahrhundert zum Abbild moderner gesellschaftlicher Wirklichkeit.

Folgerichtig erfassten die Maler die Stadt am besten von der Fußgängerebene aus oder während des Spazierengehens. Möglich geworden war dies durch die verbesserte Zugänglichkeit der Straßen, da mit der »Haussmannisierung« die Ausstattung der Straßen mit Trottoirs zur Norm wurde. Erst diese Bequemlichkeit und Sicherheit ließ den Typus des Flaneurs bis hin zur Schaufenster-Passantin in Erscheinung treten und die Fußgänger verknüpft mit kleinen, oft anekdotisch vorgeführten Ereignissen zum beliebten Thema der Bildenden Kunst und Literatur werden.

In seiner fundamentalen Modernität war der neue städtische Raum das Feld des Mannes. So blieb es denn den männlichen Künstlern vorbehalten, bildnerisch eine zeitgemäße Interpretation des städtischen

Lebens zu entwickeln. Zeitgenössische Künstlerinnen blieben – erkennbar an den von ihnen gewählten Bildmotiven – davon ausgeschlossen. Die Folge war, dass sie nur in geringem Ausmaß an der künstlerischen Avantgarde teilhatten. Denn die moderne Kunst war in dieser Zeit in erheblichem Maße das Produkt der Großstadt, war das Resultat einer neuen, der Metropole angemessenen Wahrnehmungsweise. Sie spiegelt sich in der künstlerisch-literarischen Figur des Flaneurs, der beim plan- und ziellosen Spazieren schauend genießt.

Es erstaunt wenig, dass es kein sichtbares weibliches Pendant dazu gab, denn die Welt der bürgerlichen Frau war im 19. Jahrhundert auf den privaten und häuslichen Bereich ausgerichtet. Es galt für sie als unpassend, ja als moralisch suspekt, allein und müßig oder ziellos in den Straßen der Stadt zu schlendern. Es sei denn, sie bummelte vorbei an Schaufenstern. Die konsumierende Passantin fand – kaum überraschend – vor allem in der Werbegrafik ihren bildlichen Niederschlag; weniger in der Malerei.

Bis ins 20. Jahrhundert hinein blieb die Öffentlichkeit der Straße für Frauen ein tabuisierter und angstbesetzter Ort, denn dort unterlag sie – gewollt oder ungewollt – dem Verdacht der Prostitution. Die weibliche Erfahrung als Fußgängerin in der Stadt war daher lange eine andere als die des Mannes. Auf grandiose Weise widerspiegelt das die Bildende Kunst bis nach dem Ersten Weltkrieg.

Endlich, in den 20er-Jahren des 20. Jahrhunderts eroberten sich Frauen – beispielhaft hier die englische Literatin Virginia Woolf (1882–1941) – die Straßen der Stadt in der Manier des männlichen Flaneurs. Auch sie beanspruchten nun Bewegungsfreiheit. Zeitgleich verlor das Motiv der urbanen Fußgängerin vor dem Hintergrund eines grundlegend veränderten Freizeitverhaltens und dem Bedeutungsverlust des Stadtspaziergangs an künstlerischer Anziehungskraft. Wenn es dennoch bis heute vereinzelt in der Malerei auftaucht, so zeigt sich die allein auf eigenen Füßen Schreitende in emanzipierter, selbstbewusster Pose.

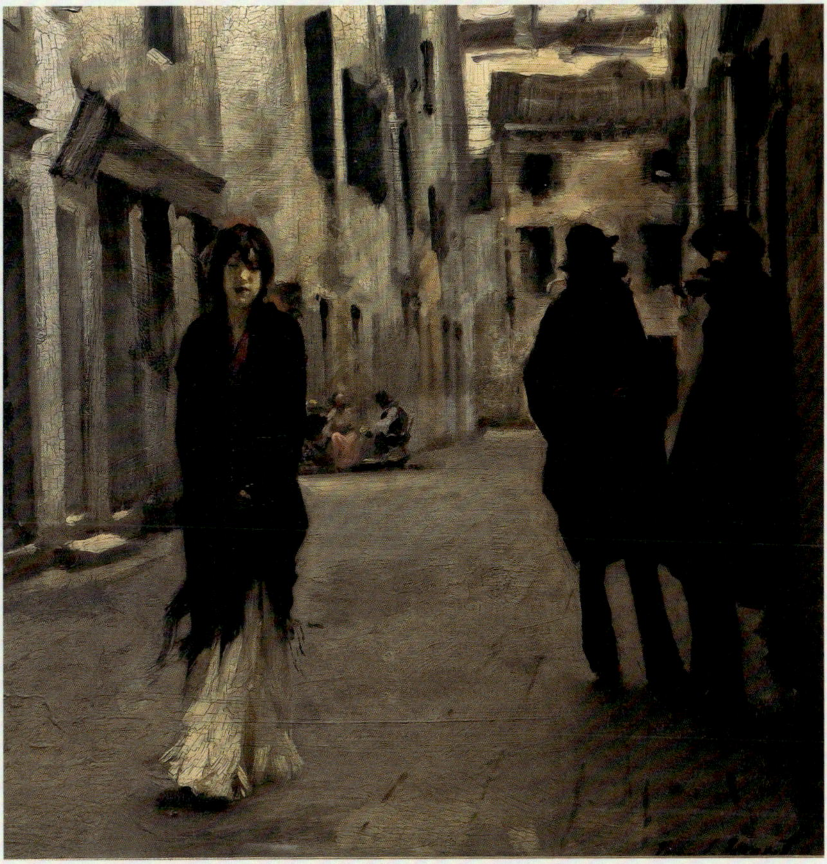

John Singer Sargent, 1856–1925
Straße in Venedig, um 1882
Öl auf Holz, 45,1 x 54 cm
Washington, National Gallery

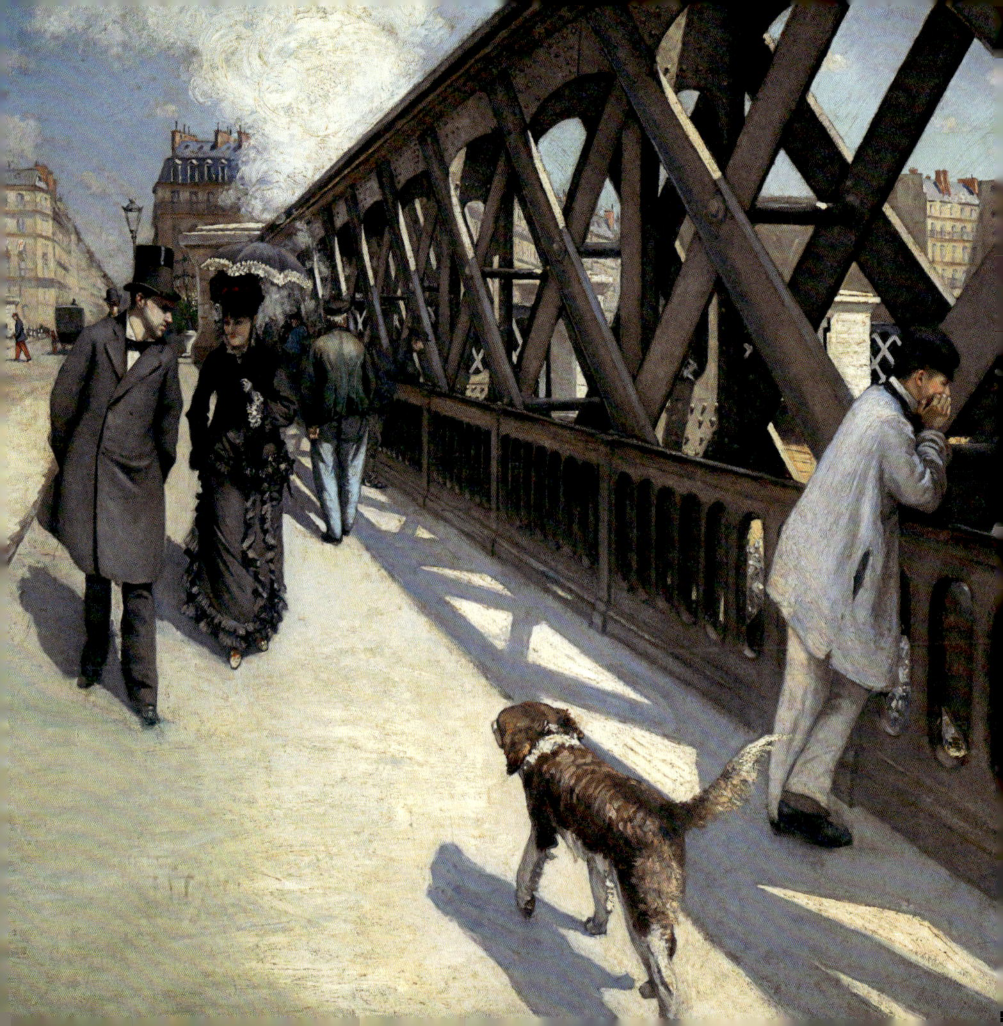

Gustave Caillebotte, 1848–1894
Pont de l'Europe, 1876
Öl auf Leinwand, 125 x 180 cm
Genf, Petit Palais

Noch einen Schritt hinterher

In diesem Hauptwerk Gustave Caillebottes aus dem Jahr 1876 lenkt der französische Maler den Blick des Betrachters auf das Pariser Viertel der Pont de l'Europe und erschließt dabei, aus der Fußgängerebene heraus, Konstruktion und soziale Erscheinung des modernen Stadtraums: große lineare Straßenzüge mit Passanten in Bewegung. Ob es sich bei dem elegant gekleideten Herrn und der Dame mit Sonnenschirm um ein Paar handelt, ist nicht eindeutig zu beantworten. Der junge Mann, in dem die Zeitgenossen das Selbstporträt des Malers zu erkennen glaubten, wendet sich der jungen Dame zu, bei der es sich möglicherweise um Caillebottes damalige Lebensgefährtin, vielleicht aber auch um eine allein flanierende Prostituierte handelt.

DIE WUNDERBARE KUNST DER AUSBALANCIERTEN FORTBEWEGUNG

Oliver Wendell Holmes, 1809–1894, war US-amerikanischer Professor für Anatomie und Physiologie, Schriftsteller und Dichter und gehörte zu den ersten Medizinern, die bei der Bekämpfung des weitverbreiteten Kindbettfiebers einen möglichen Zusammenhang mit den hygienischen Zuständen herstellten. Seine ersten, sanft ironischen Gedichte veröffentlichte er bereits 1830. Bekannt wurde er vor allem mit seinen *Breakfast-table*-Schriften, Sammlungen von Essays, Anekdoten und Hauslyrik. Er war einer der führenden Intellektuellen Bostons, der »Brahmanen von Boston«, die in die Literaturgeschichte der USA eingingen.

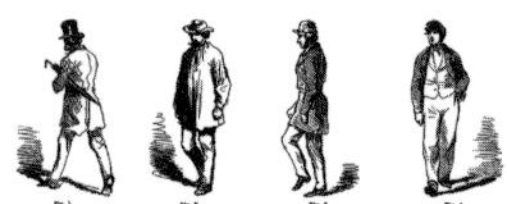

Die Physiologie des Gehens

Zwei Fähigkeiten sind der gesamten Menschheit gegeben, nämlich das ***Gehen*** *und das* ***Sprechen****. [...] Wir möchten unseren Lesern eine möglichst klare Vorstellung von der wunderbaren Kunst der ausbalancierten vertikalen Fortbewegung geben, die sie über so viele Jahre [...] praktiziert haben, ohne sich bewusst zu sein, welch großartige Fähigkeit sie da beherrschen. [...] Beim normalen Gehen schwingt die untere Extremität des Menschen im Grunde durch ihr Eigengewicht und es bedarf wenig muskulärer Anstrengung zur Unterstützung. Die recht schwere Gliedmaße überwindet jede durch die Kleidung gegebene Behinderung, selbst beim durch seine Kostümierung weniger begünstigten Geschlecht. Wenn aber die menschlichen Beine Pendel sind, dann schwingen die Beine eines kleinen Menschen schneller als die eines großen, und er wird bei gleicher Ausgangslage mehr Schritte in der Minute benötigen. So hat der Gang eines Menschen einen natürlichen Rhythmus, abhängig von der Länge seiner Beine, die schneller oder langsamer ausschlagen, je nachdem wie kurz oder lang sie sind – wie verschieden eingestellte Metronome oder die Pendel verschiedener Uhrwerke. [...]*

Das ***erste Individuum*** *hat die Beine zu einem Schritt ausgestreckt, dessen beeindruckende Länge unsere Aufmerksamkeit fesselt. Die Sohle des rechten Fußes steht beinahe senkrecht. Durch Anspannung der Wadenmuskulatur rollt sie sich vom Boden ab wie ein Stück Reifen von einem Rad, indem sich zuerst die Ferse hebt und der Körper, der sich bereits mit dem ganzen aufgenommenen Tempo vorwärtsbewegt und nach vorne gebeugt hat, weitergeschoben wird und beinahe kippt, um dann auf den anderen Fuß zu fallen, der inzwischen bereit ist, sein Gewicht aufzunehmen.*

Auf der ***zweiten Abbildung*** *ist das rechte Bein im Knie gebeugt, damit sich der Fuß vom Boden abhebt und im Anschluss nach vorn schwingen kann. Die nächste Stufe der Bewegung zeigt das linke Bein in* ***Bild 3****. Das Bein schwebt in der Luft – kurz hinter der Mitte des Bogens, den es schwingend beschreibt, und kurz davor, sich zu strecken, wie es im* ***folgenden Bild*** *zu sehen ist. Der Fuß hat sich nun nach vorne geschwungen und bereitet sich bei gestrecktem Bein, nach vorne geneigtem Körper und mit der am Boden aufsetzenden Ferse darauf vor, wieder nach hinten zu schwingen. Der Winkel, den die Fußsohle mit dem Boden bildet, vergrößert sich mit der Schrittlänge, und genauso wie uns Letztere überraschte, verwundert uns bei vielen Aufnahmen unter anderem das Ausmaß dieses Winkels. Die Ferse setzt mit großer Wucht am Boden auf, was sich auch in der Abnutzung unserer Stiefel und Schuhe an dieser Stelle zeigt. Immerhin ist die nach vorn schnellende Ferse des menschlichen Fußes ein Hebelarm, mit dem Fußknöchel als Angelpunkt, und lässt beim Auftreffen am Boden die Fußsohle flach aufliegen, wie in* ***Abbildung 1*** *zu sehen. Zugleich wird das Gewicht von Bein und Körper durch das gemeinsame Wirken von Muskelkraft und aufgenommener Geschwindigkeit auf den Fuß geworfen, während der andere Fuß schon bereit ist, vom Boden abzuheben und den an seinem Gegenstück beschriebenen Vorgang zu wiederholen. Kein Künstler hätte gewagt, eine gehende Figur in Körperhaltungen wie diesen zu zeichnen. Das Schwungbein ist immer gerade so verkürzt, dass der Zeh niemals über den Boden streift, wenn dieser ausreichend eben ist. […] Zwei interessante Dinge lassen sich leicht belegen: Zum einen ist der Mensch im Gehen kleiner als im Stehen … Und zweitens neigt immer eine Körperhälfte dazu, die andere zu überholen, sodass niemand, dem man die Augen verbunden hat, eine weite Strecke in gerader Linie beschreiten kann.*

Oliver Wendell Holmes, *Die Physiologie des Gehens*, 1859

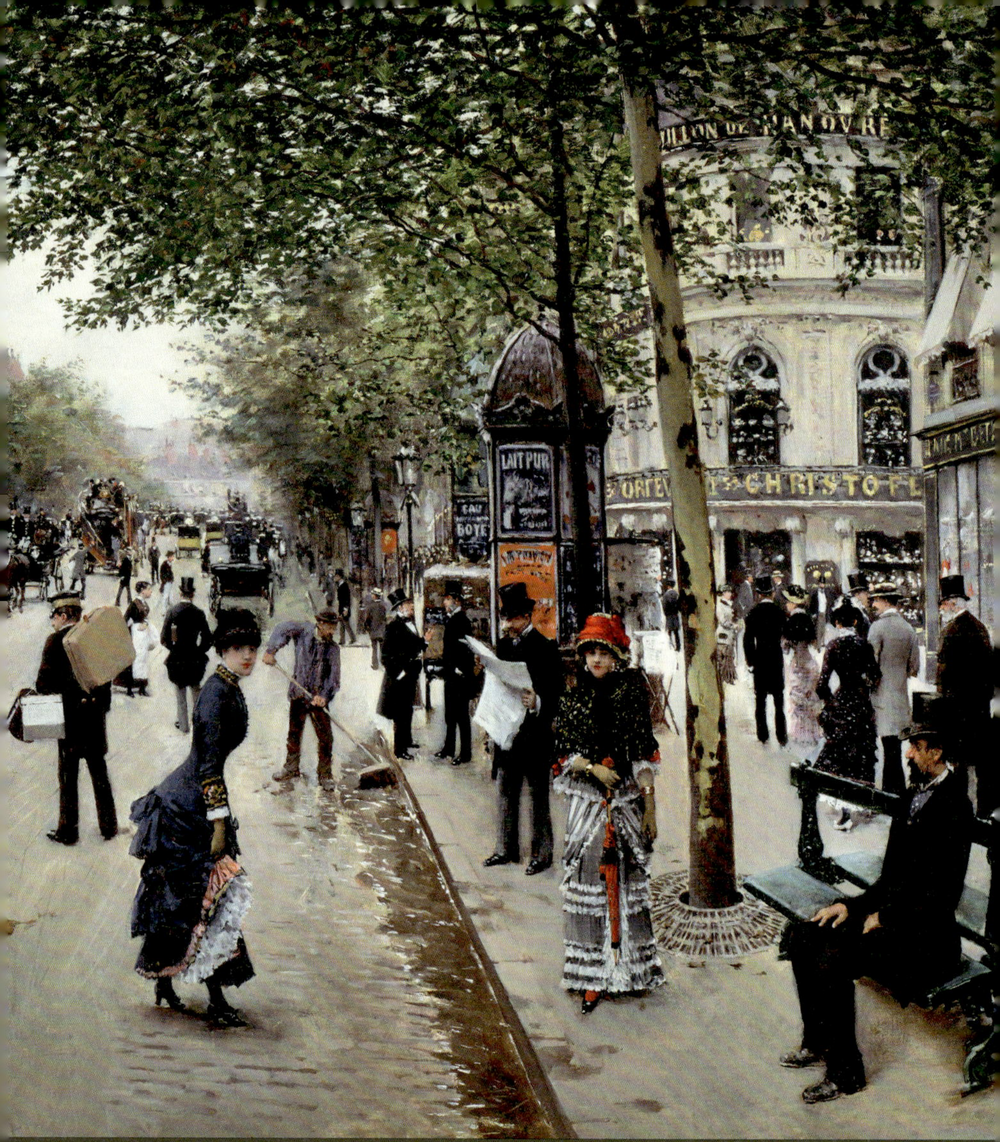
LAIT PUR

Jean Béraud, 1849–1936
Pariser Boulevard des Capucines mit Fußgängerin, um 1890
Öl auf Leinwand, 50,8 x 73 cm
Privatsammlung

Die schnelle Stadt

Der französische Maler Jean Béraud wandte sich seit Mitte der 1870er-Jahre Alltagsszenen mit genauen Schilderungen des Pariser Lebens zu. In diesem Zusammenhang entstanden zahlreiche Ansichten der neuen Pariser Boulevards, die durch die Modernisierung nach den Plänen Haussmanns entstanden waren. Zu den in das Pariser Stadtbild geschlagenen Straßenschneisen gehörte auch der Boulevard des Capucines. In tiefenräumlicher Perspektive von großer Zugkraft eröffneten diese Straßenschluchten neue Blickwinkel, gewährten freien Zugang und bisher unbekannte Mobilität.

Auf dem Boulevard drängen die Kaiserliche Omnibuslinie, verschiedenste Pferdedroschken sowie moderne Straßenkutschen – Coupés und Cabriolets – voran. Auf den Gehwegen ist eine wuselnde Fußgängermenge unterwegs. Waghalsig versuchen einige Passantinnen und Passanten, die Fahrbahn zu überqueren, und riskieren dabei angesichts der herannahenden Kutschen einen Unfall; lange Zeit gab es keine offizielle Verkehrsregelung. Bérauds Sicht auf den sehr belebten Boulevard entsprach durchaus modernen Erfahrungen im Straßenraum.

»Junge Damen sollten immer gut behütet und bedient werden, natürlich entsprechend ihrer Stellung.«

Jane Austen, 1775–1817

WAS DER GUTE TON VORSCHREIBT

Als Dame sind dir alle Farben erlaubt, wähle sie aber so, dass sie mit deiner Persönlichkeit, besonders mit deinem Haar und Teint in Einklang stehen. Als Brünette werden dich feuerige glühende Farben, wie hochrot, goldgelb, smaragdgrün am besten kleiden, als Blondine ziehe zarte Farben, wie meergrün, himmelblau, rosa vor – als ganz junges Mädchen von 16, 17 Jahren trage weder violett noch goldgelb, mit 40 Jahren verzichte auf rosa und himmelblau. Weiß und schwarz darfst du in jedem Alter tragen. [...] Meide alles Auffallende in deiner Tracht, einen Mann lässt dies weibisch und geckenhaft, eine Frau unweiblich und herausfordernd erscheinen.

Wie ich gehe? Bist du eine junge Dame, so trage das Haupt auch frei und anmutig erhoben, deine Blicke aber lass nicht nach allen Seiten umherschweifen, sondern richte sie bescheiden vor dich hin. Dein Gehen sei ein graziöses, leichtes Schweben. – Laufe nicht wie ein Dienstmädchen, das etwas zu besorgen hat, gehe aber auch nicht so langsam, als wartest du auf jemand. Gehe niemals einwärts, so dass du in Gefahr kommst, über deine eigenen Füße zu fallen. Die Fußspitzen richte nach abwärts, tritt zuerst mit dem vorderen Teil des Fußes, nicht mit dem Absatz oder platt mit der Sohle auf. Zu den Sohlengängern gehört der Bär, nicht der Mensch.

Constanze von Franken, *Katechismus des guten Tones und der feinen Sitte*, 1890

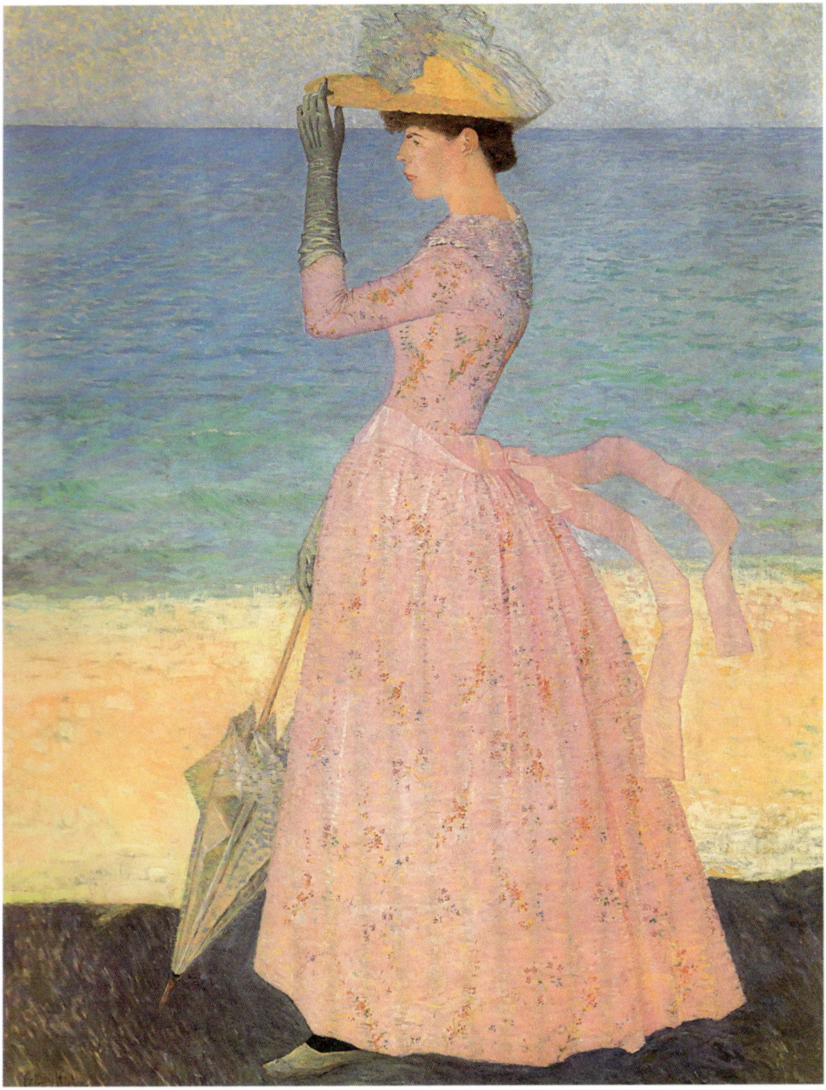

Aristide Maillol, 1861–1944
Die Frau mit dem Sonnenschirm, 1895
Öl auf Leinwand, 190 x 149 cm
Paris, Musée d'Orsay

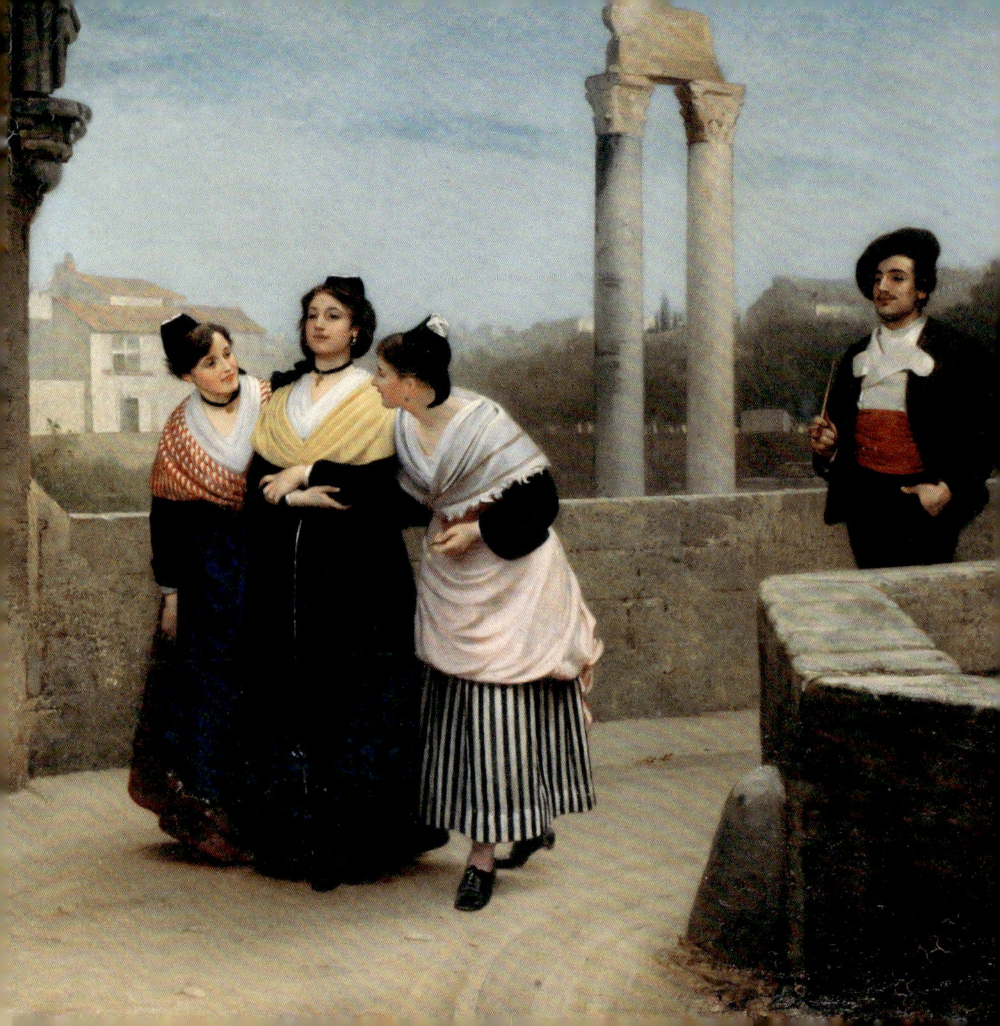

Philip Hermogenes Calderon, 1833–1898
Die koketten Spaziergängerinnen in Arles, 1875
Öl auf Leinwand, 89 x 119 cm
Privatsammlung

Begehrliche Blicke

Der während eines Spaziergangs in Arles von drei jungen Frauen ausgeworfene Köder ist aufgenommen: Ihnen folgt in angemessenem Abstand ein männlicher Verehrer, der ganz offenbar ein Auge auf sie geworfen hat. Die Szene des englischen Malers Calderon verdeutlicht, in welchem Maße der Spaziergang – trotz der sittsam gekleideten Evastöchter – Anlass für begehrliche Männerblicke war. Eines der ausschlaggebenden Ziele der Promenade war der Sichtkontakt mit einer allein oder in weiblicher Begleitung flanierenden Frau, die zur Projektionsfläche männlicher Fantasien wurde, selbst wenn sie nicht durch zweideutige Posen, Gesten und Kleidung dazu aufforderte.

Als Straßenpassant legte man im 19. Jahrhundert großen Wert auf das äußere Erscheinungsbild, wertete man es doch allgemein als Ausdruck der Persönlichkeit. Im Verlauf des Jahrhunderts wurde die Kleidung immer homogener und einförmiger, verwischte zunehmend die sozialen Unterschiede, Ausgefallenes und Starkfarbiges stieß auf Misstrauen. Vor dem Hintergrund dieser Entwicklung gewannen Details und Accessoires an Bedeutung. Für Eingeweihte wurden sie sozusagen zu Chiffren, die Auskunft gaben über soziale Zugehörigkeit. In diesem Sinne erwies sich das Spaziergehen als modischer Laufsteg und zugleich als Erprobungsort kultureller Identität.

»In dem ersten Winter, wo ich noch wenig Menschen kannte, ging ich oft weite Wege allein, besonders am See entlang, der dunkel unter wogenden Nebeln starrte, und das waren besonders glückliche Stunden ahnungsvoller Träumereien.«

Ricarda Huch, 1864–1947

EIN UNERSETZLICHER GENUSS

In ihren Erinnerungen an die Kindertage in Braunschweig (*Braunschweig in meiner Kindheit*, 1949) und die Schul- und Studienzeit in Zürich (*Frühling in der Schweiz*, 1938) betonte die deutsche Schriftstellerin Ricarda Huch (1864–1947), die als eine der ersten Frauen studierte und promovierte, die Bedeutung und Unterschiedlichkeit des Gehens in der Natur und Stadt.

Wollte man die Natur genießen, so waren diejenigen, die keinen Garten und nicht Wagen und Pferde hatten, auf Fußwanderungen angewiesen. Als ich klein war, gab es überhaupt keine öffentlichen Verkehrsmittel, und die Pferdewagen, die dann aufkamen, funktionierten durchaus nicht befriedigend. Ich erinnere mich eines viel gesungenen Spottliedes mit dem Kehrreim: hat ausgesetzt, hat ausgesetzt! Ich wundere mich, wenn ich mir jetzt den damaligen städtischen Verkehr ausmale, dass meine Großmutter, seit ich denken kann, nicht mehr ausging, weil es ihr in der Stadt zu lärmend war. […] Da jeder Weg zu Fuß gemacht werden musste, beschränkten sich die Ausflüge im Allgemeinen auf die nächste Umgebung. […] Die staubige Chaussee, die dahin führte, nahm man ohne Klage in Kauf.

Am Abend des 1. Januar 1887 kamen wir, mein Bruder und ich, in Zürich an [...]. Am folgenden Morgen suchten wir ein Zimmer für mich und gleich das erste, das wir ansahen, gefiel mir [...]. Ich pflegte spätestens um sieben Uhr aufzustehen [...]. Dann arbeitete ich mit kurzen Pausen bis Mitternacht. Ich hatte mir ein Jahr gesetzt, um mich auf die Maturitätsprüfung vorzubereiten, und musste mich anstrengen, wenn ich das Ziel erreichen wollte. [...] Ich war damals voller Arbeitslust und Arbeitskraft. Ich hatte seit meiner Schulzeit etwa acht Jahre lang nichts Ernstliches getan, nun war ein Drang in mir, große Aufgaben zu bewältigen. [...] Gegen Abend schlenderte ich manchmal allein oder mit Frau Wanner auf die Hohe Promenade, den letzten Rest der alten Bastei, wo wir das Abendlicht die Schneeberge färben sahen. Nur selten trafen wir dort einen Spaziergänger, der wie wir, an den grünüberwachsenen Gräbern eines alten Friedhofs vorüberwandelnd, den Feierabend genoss. [...] In dem ersten Winter, wo ich noch wenig Menschen kannte, ging ich oft weite Wege allein, besonders am See entlang, der dunkel unter wogenden Nebeln starrte, und das waren besonders glückliche Stunden ahnungsvoller Träumereien. Einige Jahre später wurde eine meiner Freundinnen auf dem Weg zur Trichterhauser Mühle überfallen und nur durch das zufällige Daherkommen eines kleinen Jungen gerettet. Dadurch wurde mir die Gefahr einsamer Spaziergänge klar, und ich verlor den Mut dazu, womit ich allerdings einen unersetzlichen Genuss aufgab.

Ricarda Huch, (links oben) *Braunschweig in meiner Kindheit*, 1949,
(darunter) *Frühling in der Schweiz*, 1938

Giovanni Boldini, 1842–1931
Auf der Straße, 1873–1875
Öl auf Leinwand, 46,2 x 37,5 cm
Williamstown, Sterling and
Francine Clark Art Institute

In Eile

Giovanni Boldinis belebte Straßenszene fängt das beschleunigte Stadtleben von Paris ein. Menschen eilen in unterschiedliche Richtungen, eine elegant gekleidete – unbegleitete – Dame überquert die befahrene Straße und zieht dabei die Aufmerksamkeit eines Mannes in der Kutsche auf sich. In ihrer Eile hat sie, um schneller ausschreiten zu können, ihren Rock angehoben, sodass verführerisch der weiße Unterrock hervorblitzt. Der italienisch-französische Maler Boldini lässt uns spekulieren. Vielleicht hat sie sogar gerade die elegante Kutsche verlassen, aus der ihr ein Herr so interessiert nachblickt. War der Blumenstrauß ein Dankeschön und eilt sie nun nach Hause? Boldini ließ sich 1871 in Paris nieder und schuf zwischen 1872 und 1875 umfangreich Szenen und Veduten der Stadt.

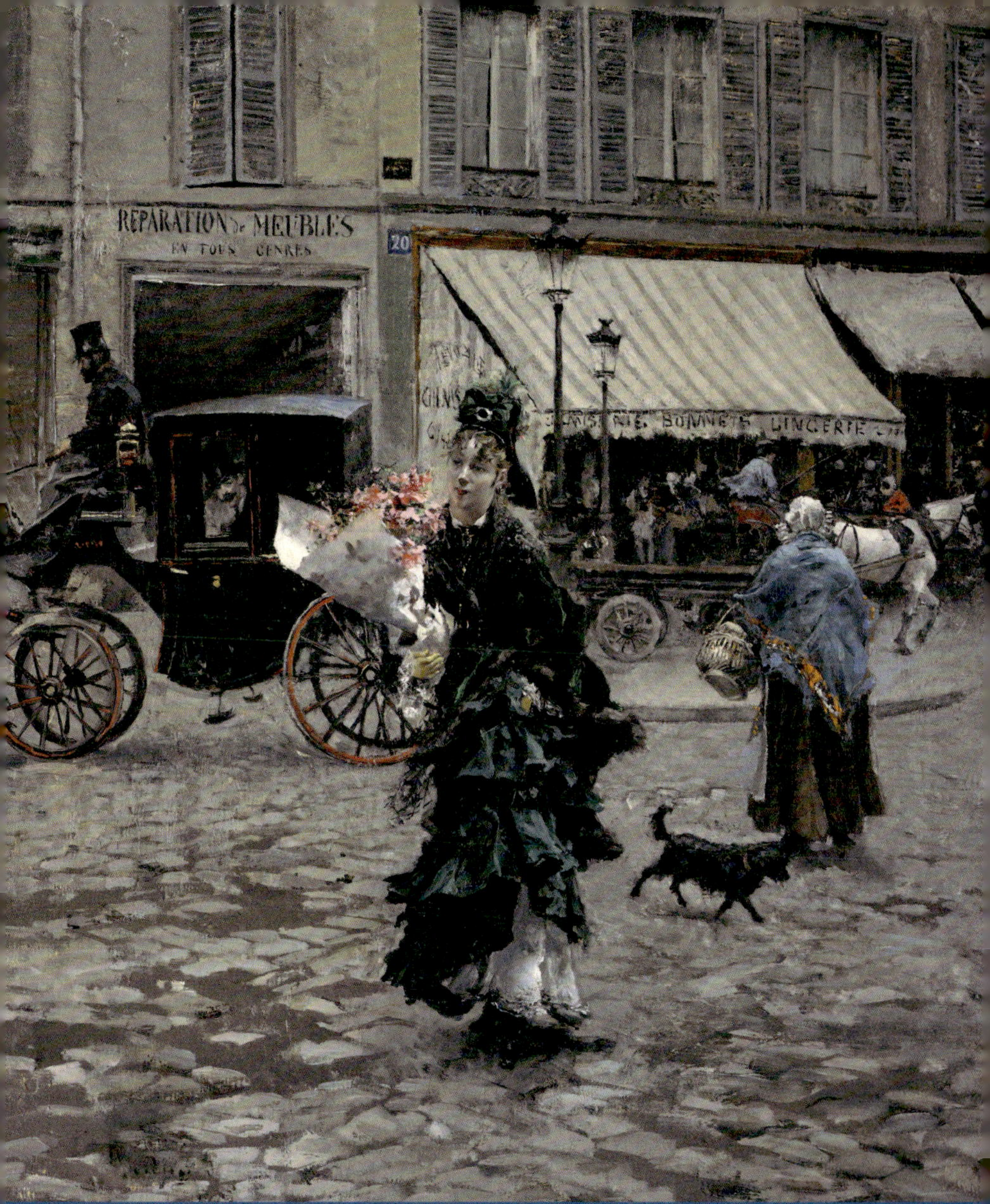
REPARATION DE MEUBLES
EN TOUS GENRES
BONNETS
LINGERIE

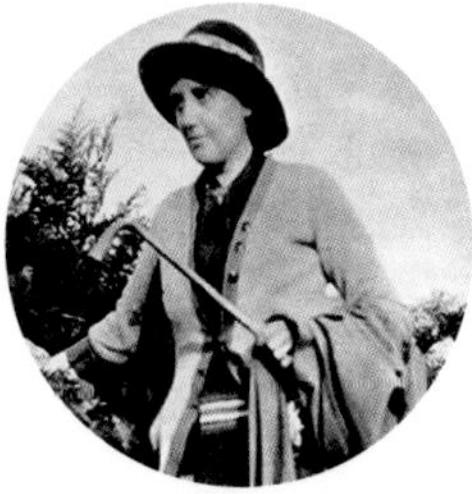

STADTBUMMEL MIT VIRGINIA WOOLF

Die englische Schriftstellerin Virginia Woolf (1882–1941) spazierte und wanderte regelmäßig, sei es in London, an der englischen Südwestküste in Cornwall oder in Sussex, wo sie in Rodmell ein Sommerhaus besaß. Von dort aus unternahm sie täglich am Nachmittag einen Fußmarsch von 20 Kilometern hin und zurück zur Teestunde in der Künstlerkolonie ihrer Schwester Vanessa Bell. Die stundenlangen, schnellen *walks*, wie sie sie in ihren Tagebüchern nannte, verhalfen ihr nicht nur zu einer guten körperlichen Kondition, sondern waren wichtiger Teil ihres literarischen Schaffens. Ihre ausgedehnten Spaziergänge durch London inspirierten sie unter anderem zu dem Essay »Stadtbummel. Ein Londoner Abenteuer« , der erstmals im Oktober 1927 erschien.

Niemand hat vielleicht jemals ein leidenschaftliches Verlangen nach einem Bleistift gehabt. Aber es gibt Umstände, unter denen es höchst wünschenswert erscheinen mag, einen zu besitzen; [...] so dient, wenn uns der Wunsch überfällt, durch die Straßen zu streifen, der Bleistift als Vorwand, und wir stehen auf und sagen: Wirklich, ich muss mir einen Bleistift kaufen, so als könnten wir unter dem Deckmantel dieser Entschuldigung getrost dem größten Vergnügen des Stadtlebens [...] frönen – durch die Straßen Londons zu streifen.

Die Stunde sollte der frühe Abend sein und die Jahreszeit Winter, denn im Winter sind die Champagnerklarheit der Luft und die Geselligkeit der Straßen wohltuend. Wir werden dann nicht wie im Sommer verhöhnt von der Sehnsucht nach Schatten und Einsamkeit und süßen Lüften von den Heufeldern. Die Abend-

stunde gibt uns auch die Verantwortungslosigkeit, die Dunkelheit und Lampenlicht gewähren. Wir sind nicht mehr ganz wir selbst. Wenn wir an einem frühen Abend zwischen vier und sechs aus dem Haus treten, werfen wir das Ich ab, an dem uns unsere Freunde erkennen, und werden Teil [...] anonymer Wanderer, deren Gesellschaft so angenehm ist nach der Einsamkeit des eigenen Zimmers. [...]

Doch wenn die Tür hinter uns zufällt, verschwindet all das. Die muschelartige Hülle, die unsere Seelen abgesondert haben, um sich eine Behausung zu schaffen, um sich eine von anderen verschiedene Gestalt zu geben, wird zerbrochen, und von all diesen Runzeln und Rauheiten bleibt in der Mitte eine Auster des Wahrnehmungsvermögens, ein riesiges Auge. Wie schön eine Straße im Winter ist! Sie ist zugleich enthüllt und verdunkelt. Hier kann man undeutlich symmetrische gerade Alleen von Türen und Fenstern erkennen [...] Das Auge ist kein Bergmann, kein Taucher, kein Sucher nach einem vergrabenen Schatz. Es lässt uns sanft einen Strom hinuntertreiben; ruht, hält inne [...] während es schaut. [...] Im Vorübergehen, im Schauen scheint alles zufällig, aber auf wunderbare Weise mit Schönheit besprenkelt [...]. Ohne den Gedanken zu kaufen, ist das Auge mutwillig und großzügig; es schafft; es schmückt; es übertreibt. [...] Ist das wahre Ich das, welches im Januar auf dem Pflaster steht, oder das, welches sich im Juni über den Balkon beugt? Bin ich hier oder bin ich dort? Oder ist das wahre Ich weder dies noch das, weder hier noch dort, sondern etwas Mannigfaltiges und Wanderndes, dass wir nur, wenn wir seinen Wünschen die Zügel schießen und es unbehindert seien Weg gehen lassen, wirklich wir selbst sind? Die Umstände zwingen zur Einheit; um der Bequemlichkeit willen muss der Mensch ein Ganzes sein. [...] Der Gehweg war trocken und hart; die Straße aus gehämmertem Silber. Während man durch die Verödung nach Hause ging, konnte man sich [...] der Illusion hingeben, dass man nicht an einen einzigen Geist gebunden ist, sondern kurz, für einige Minuten, Körper und Geist anderer anlegen kann. [...]

Und was für ein größeres Entzücken und Wunder kann es geben, als die geraden Linien der Persönlichkeit zu verlassen und in jene Pfade einzubiegen, die unter dem Dornengestrüpp und dicken Baumstämmen in das Herz des Waldes führen, wo diese wilden Tiere, unsere Mitmenschen, leben?

Das ist wahr: zu entkommen ist das größte Vergnügen; ein Stadtbummel im Winter das größte Abenteuer.

Virginia Woolf, Stadtbummel: *Ein Londoner Abenteuer*, 1927

Mit Anstandsdame

Tante Luisa begleitet während eines Spaziergangs zwei jüngere, wohl unverheiratete Frauen, vielleicht ihre beiden Nichten, als Anstandsdame und sichert so angesichts möglicher Annäherungsversuche durch männliche Fußgänger deren moralische Integrität.

Die drei sind der gesellschaftlichen Etikette folgend für den Spaziergang in der Öffentlichkeit ausstaffiert: Sie tragen Hüte, ohne die eine Dame bis Anfang des 20. Jahrhunderts niemals das Haus verließ, geknöpfte Promenadenschuhe, und sie haben Handschuhe dabei. Tante Luisa führt zudem eine beutelartige Damenhandtasche (Pompadour genannt und ursprünglich als Handarbeitsbeutel fungierend) mit sich, in der Taschentücher, Riechsalz, Puder und andere kleine Alltagsgegenstände Platz fanden, und hat – wie um das Unverfängliche der gemeinsamen Promenade zu unterstreichen – einen kleinen Schoßhund auf dem Arm. Angesichts der im 19. Jahrhundert eingeführten luxuriösen Hundesteuer (die vor allem für kleine Hunde hoch war) kann der Terrier sowohl als gesellschaftliches Statussymbol wie ambivalent als Hinweis auf erotisches Begehren und unstatthafte Abenteuerlust interpretiert werden. Denn der Aufbruch der drei Damen zur Promenade dient nicht zuletzt der Kontaktaufnahme, bei der sich die Frau herausfordernd männlicher Beurteilung aussetzt und den Augen des Mannes präsentiert. Die mittlere ganz in Schwarz gekleidete junge Frau, deren Teint mit dem Hutschmuck aus gelben Rosen und dem Rosé-Ton der Lippen harmoniert, setzt sich entsprechend, die beiden ungehörig bloßen Hände nur zur Hälfte in den Taschen des Rockes versenkend und den Bildbetrachter provozierend direkt anblickend, kokett in Szene. Bestimmte Promenaden galten explizit als Heiratsmarkt, wobei wir nicht wissen, wohin genau diese drei Damen zu Fuß unterwegs sind.

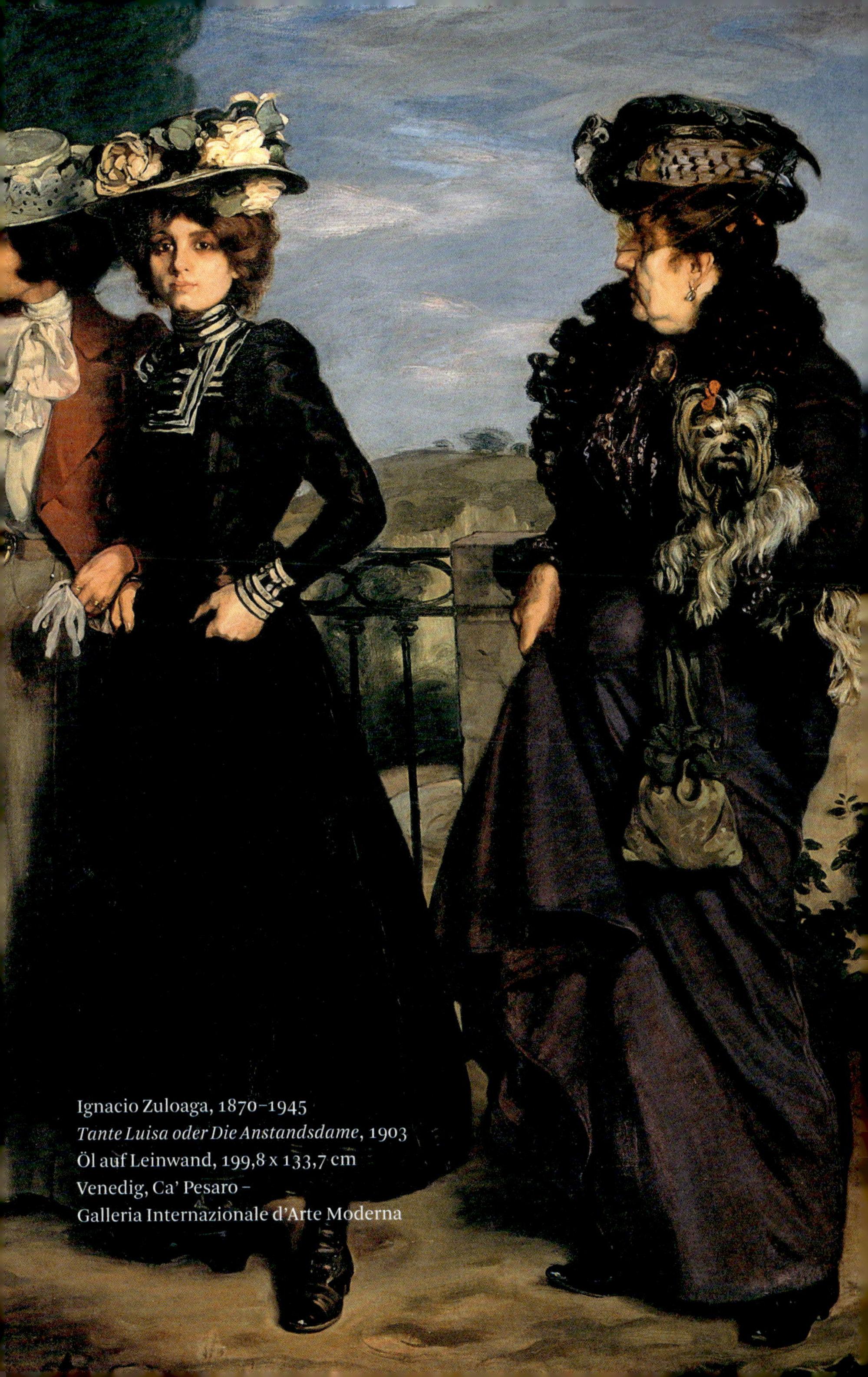

Ignacio Zuloaga, 1870–1945
Tante Luisa oder Die Anstandsdame, 1903
Öl auf Leinwand, 199,8 x 133,7 cm
Venedig, Ca' Pesaro –
Galleria Internazionale d'Arte Moderna

»Auf dem Kurfürstendamm sind viele Frauen. Die gehen nur. Sie haben gleiche Gesichter und viel Maulwurfpelze – also nicht ganz erste Klasse – aber doch schick – so mit hochmütigen Beinen und viel Hauch um sich.«

Irmgard Keun, 1905–1982

DAS WAR MEIN ANKOMMEN IN BERLIN

Aufgewachsen in Köln und Berlin, wurde Irmgard Keun (1905–1982) nach einer kurzen Schauspielerkarriere fast über Nacht berühmt mit ihrem 1931 veröffentlichten Roman *Gilgi, eine von uns*, dem 1932 *Das kunstseidene Mädchen* folgte. Die Nationalsozialisten verboten ihre Bücher, sie selbst ging 1936 ins Exil, reiste mit Joseph Roth quer durch Europa. Mit falschem Pass überlebte sie die Nazizeit in der Illegalität, konnte später aber nicht mehr an ihre einstigen Erfolge anknüpfen.

Ich bin in Berlin. Seit ein paar Tagen. Mit einer Nachtfahrt und noch neunzig Mark übrig. Damit muß ich leben, bis sich mir Geldquellen bieten. Ich habe Maßloses erlebt. Berlin senkte sich auf mich wie eine Steppdecke mit feurigen Blumen.

Der Westen ist vornehm mit hochprozentigem Licht – wie fabelhafte Steine ganz teuer und mit so gestempelter Einfassung. Wir haben hier ganz übermäßige Lichtreklame. Um mich war ein Gefunkel. Und ich mit dem Feh. Und schicke Männer wie Mädchenhändler. Ohne daß sie gerade mit Mädchen handeln, was es ja nicht mehr gibt – aber sie sehen danach aus, weil sie es tun würden, wenn was bei rauskäme. Sehr viel glänzende schwarze Haare und Nachtaugen so tief im Kopf. Aufregend.

Auf dem Kurfürstendamm sind viele Frauen. Die gehen nur. Sie haben gleiche Gesichter und viel Maulwurfpelze – also nicht ganz erste Klasse – aber doch schick – so mit hochmütigen Beinen und viel Hauch um sich. Es gibt eine Untergrundbahn, die ist wie ein beleuchteter Sarg auf Schienen – unter der Erde und muffig, und man wird gequetscht. Damit fahre ich. Es ist sehr interessant und geht schnell. [...]

Und ich kam an auf dem Bahnhof Friedrichstraße, wo sich ungeheures Leben tummelte. [...] Ich trieb in einem Strom auf der Friedrichstraße, die voll Leben war und bunt und was Kariertes hat. Es herrschte eine Aufregung! Also ich dachte gleich, daß sie eine Ausnahme ist, denn so furchtbare Aufregung halten auch die Nerven von einer so enormen Stadt wie Berlin nicht jeden Tag aus. Aber mir wurde benommen, und ich trieb weiter – es war spannende Luft. Und welche rasten und zogen mich mit und wir standen vor einem vornehmen Hotel, das Adlon heißt – und war alles bedeckt mit Menschen und Schupos, die drängten. Und dann kamen die Politischen auf den Balkon wie schwarze milde Punkte. Und alles wurde ein Schrei, und Massen schwemmten mich über die Schupos mit auf den Bürgersteig und wollten von den großen Politischen den Frieden heruntergeworfen haben. Und ich habe mitgeschrien, denn die vielen Stimmen drangen in meinen Leib und durch meinen Mund wieder raus. Und ich weinte idiotisch aus Erschütterung. Das war mein Ankommen in Berlin.

Irmgard Keun, *Das kunstseidene Mädchen*, 1932

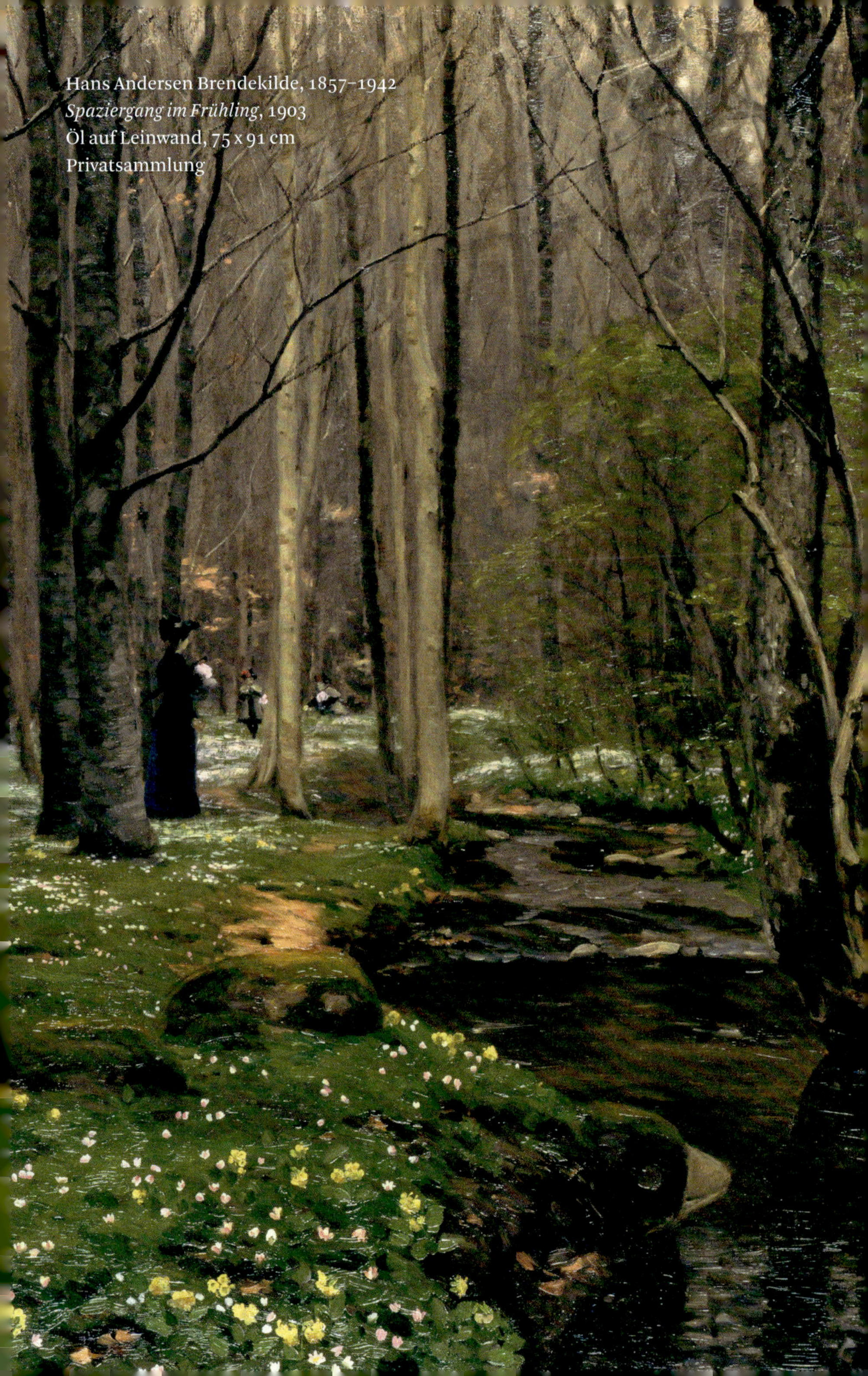

Hans Andersen Brendekilde, 1857–1942
Spaziergang im Frühling, 1903
Öl auf Leinwand, 75 x 91 cm
Privatsammlung

3. KAPITEL

Befreiende Schritte in die Natur

»Mitunter ging sie nämlich aus, um einmal eine Weile für sich allein zu sein und nicht in einem fort bloß den Garten und die staubige Landstraße vor Augen zu haben.«

Gustave Flaubert, 1821–1880

»Elizabeth überquerte schnellen Schrittes ein Feld nach dem anderen, sprang über Gatter, hüpfte in ungeduldiger Eile über Pfützen, und als schließlich das Haus vor ihr lag, hatte sie schmutzige Strümpfe, ihre Fußgelenke schmerzten, und ihr Gesicht glühte von der Anstrengung in der frischen Luft.«

Jane Austen, 1775–1817

Das Gehen und Wandern in urwüchsiger Natur als bewusste, lustvoll befreiende Erfahrung, als Schule des Sehens und der empfindsamen Naturwahrnehmung – diese Maxime bürgerlicher Weltanschauung erfuhr noch bis weit ins 19. Jahrhundert eine wesentliche Einschränkung: Frauen war dies nicht gegeben. Natur zu erleben wäre dem weiblichen Geschlecht nur in Gesellschaft möglich und blieb deshalb den bürgerlichen Frauen versagt. Wenn überhaupt, sollte es zwingend in männlicher Begleitung oder in vertrauter Umgebung stattfinden.

Ein Vordringen in die unbekannte, ungezähmte Natur wurde selbst von wagemutigen Spaziergängerinnen gemieden, da es (Reglement verinnerlichend) Unbehagen auslöse. So schrieb die sogar in winterlicher Witterung leidenschaftliche Spaziergängerin Meta Moller Mitte des 18. Jahrhunderts an ihren späteren Ehemann, den deutschen Dichter Friedrich Gottlieb Klopstock: »Einmal bin ich [selbstverständlich in männlicher Begleitung: Anm. der Autorin] auf einen Berg hinauf gestiegen [...] Mir war bange [...] aber wie ich erst oben war, da wars auch schön.«

Tatsächlich barg der Gang einer Frau in die offene Natur Gefahren und Risiken, denen sie nicht gewachsen war. Zum einen, weil die weibliche Sozialisation sie daran hinderte, ihre physischen Kräfte entsprechend auszubilden. Zum anderen konnten bei der vorherrschenden Mode ihre Kleidungsstücke nicht nur hinderlich sein, sondern den Gang in die Natur gar zu einem Wagnis werden lassen. Den humoristischen Dichter und Zeichner Wilhelm Busch inspirierte ein solches weibliches Abenteuer zur satirischen Bildergeschichte *Adelens Spaziergang*.

Wie sehr die »wilde« Natur von Frauen selbst als ein gefährlicher Raum erlebt werden konnte, ist in einer zentralen Episode von Dorothea Schlegels Roman *Florentin* (1801) nachzulesen. Im Roman dient eine Wanderung dazu, die Begegnung von Mann und Frau außerhalb der von der Gesellschaft gezogenen Grenzen zwischen den Geschlechtern durchzuspielen. Die Wanderung unternehmen der Titelheld Florentin und das kurz vor der Eheschließung stehende Paar Eduard und Juliane. Die Teilnahme war Juliane nur in männlicher Verkleidung möglich, ihre Weiblichkeit ist damit nach außen verborgen. Doch die Gleichheit ist trügerisch. Denn in dem Maße, wie das Gehen ihr Naturerleben steigert, wird Geschlechtsidentität sichtbar – das Hinausschreiten in die Natur wurde immer auch als ein Erlebnis der Liebe in all ihren Facetten interpretiert. Die Frau mit erhitzten Wangen und aufgelöstem Haar weckt das Begehren der mit ihr wandernden Männer, was bei ihr Unsicherheit, ja Ängste vor dem Unbekannten auslöst. Die für sie geltenden Regeln der Welt sind in der freien Natur außer Kraft gesetzt, und es besteht die Gefahr, sich zu verirren und in jeder Hinsicht die Orientierung zu verlieren. Die Erzählerin eröffnet hier einen neuen, weiblichen Blick auf die Welt, ins Offene und Ungeschützte, auf eigene Ängste.

Ein in der Kunst und Literatur häufiges Sinnbild dafür ist der Spaziergang im Wald, den die Frau besser nicht allein betritt, da sie sich ansonsten wie beim Überqueren einer (gefährlichen, leicht brechenden) Brücke symbolisch von der Zivilisation in die »Wildnis« (den Lebensraum wilder Kreaturen) begibt.

Auf den ersten Blick erscheinen Wanderungen auf unwegsamen Felsenklippen entlang der Küsten – einsam oder in weiblicher Begleitung – nicht minder gefährlich. Doch als im Verlauf des 19. Jahrhunderts die Medizin den wohltuenden Einfluss der Meeresluft auf die Gesundheit erkannte, waren solche Wanderungen wie auch Strandspaziergänge zunehmend erlaubt, ja sogar erwünscht. Auf erregende Weise verbinden sich in den Gemälden der auf Klippen und am Strand spazierenden Mädchen und Frauen das Grauen der Abgründe, der grandiose Aspekt der Felsen mit der tief verwurzelten Auffassung des Meeres als Ort der Weiblichkeit.

Gehen am Strand, das nahe, weite Meer, der feuchte Sandboden wecken die Emotionen, sodass, berauscht vom Gefühl, neue Ufer zu betreten, das Meer mit dem wiederkehrenden Ansteigen der Wellen zum Inbegriff der Sehnsucht wird. So avanciert die Spaziergängerin inmitten des von ihr erlebten Naturschauspiels – gleichsam Sinnbild der Herausforderung und Bewährung – zu einem symbolischen Ort des Erotischen und der zugleich bedrohlichen und errettenden Weiblichkeit.

Die Strandläuferin allein: in Hosen – dem männlichsten aller Kleidungsstücke – und befreit von Schuhen, barfuß, ja nackt neue Ufer zu betreten, ist ein wunderbares Bild für die Emanzipation der Frau im 20. Jahrhundert. Sie steht jetzt auf eigenen Füßen, und Frauen entwerfen nun Frauenbilder.

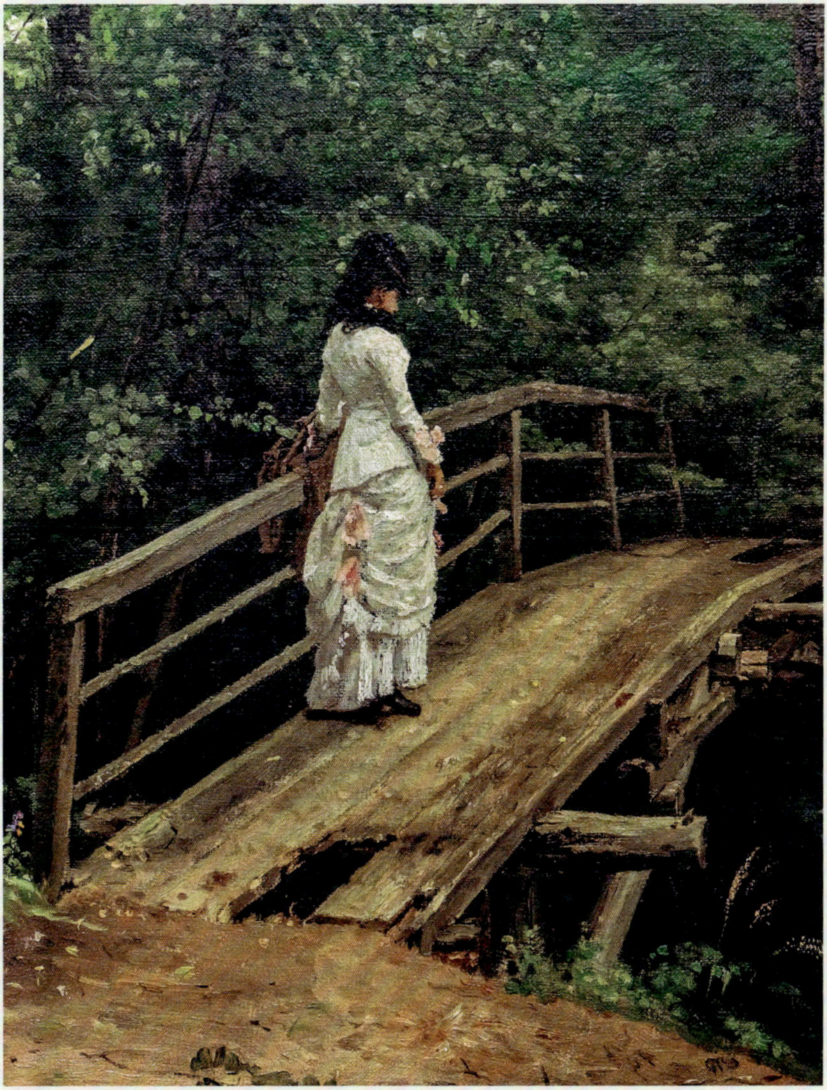

Ilja Jefimowitsch Repin, 1844–1930
Sommerlandschaft, 1879
Öl auf Leinwand, 37,5 x 61 cm
Moskau, Puschkin-Museum

Philibert-Louis Debucourt, 1755–1832
Die junge Frau, um 1805
Aquatinta, Radierung, 32,9 x 43,4 cm
Paris, Musée du Louvre

Spaziergang auf Amors Wegen

Indem man die Liebe in all ihren Erscheinungsformen durchlebt, erschließt sich einem das Verständnis für die Natur. Denn erst dann, so die romantische Auffassung, erkennt man die Natur und sich selbst. Ob das diesen dreien gelingt, mag dahingestellt sein. Sicher aber verspricht der Spaziergang ein Abenteuer – was für ein wunderbarer Grund, in die Natur hinauszugehen.

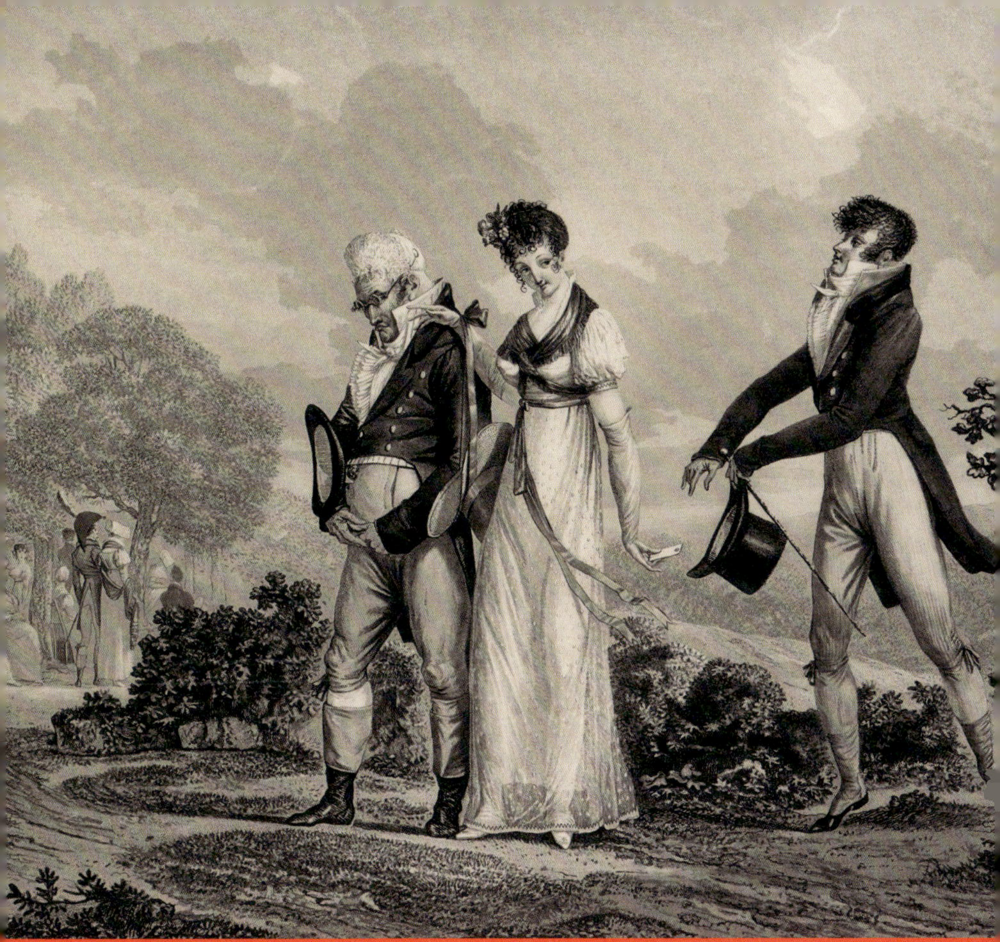

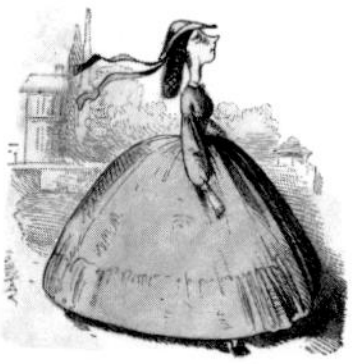

Ein Mädchen schön und voll Gemüt,
Geht hier spazieren, wie man sieht.

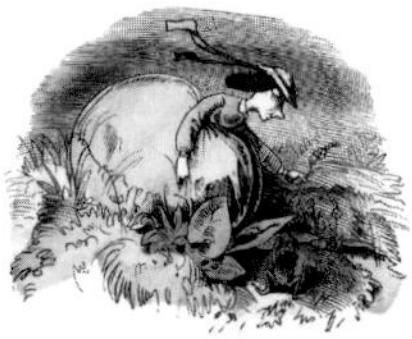

Sie pflückt auf frühlingsgrüner Au
Vergißmeinnicht, das Blümlein blau.

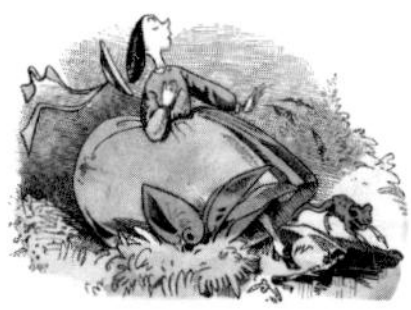

Ach Gott! da hupft ein grüner, nasser,
Erschrecklich großer Frosch ins Wasser.

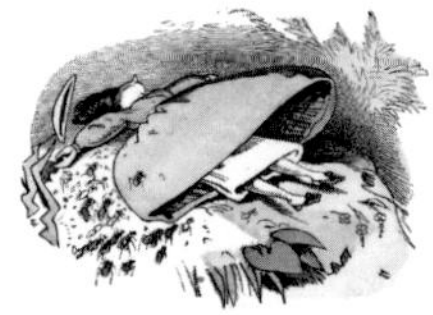

Adele, die ihn hupfen sah,
Fällt um und ist der Ohnmacht nah.

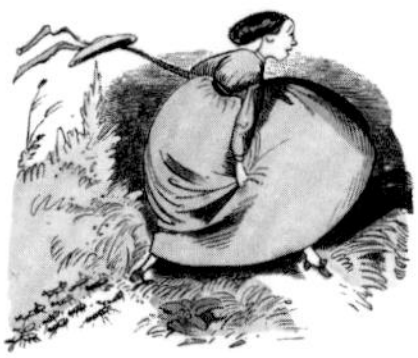

Ameisenbisse tun gar weh;
Schnell springt Adele in die Höh'.

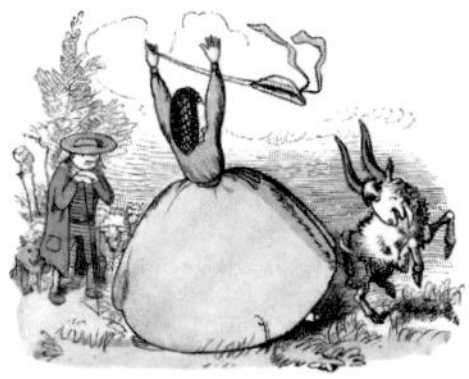

Ein Schäfer weidet in der Fern';
Den Ziegenbock hat man nicht gern.

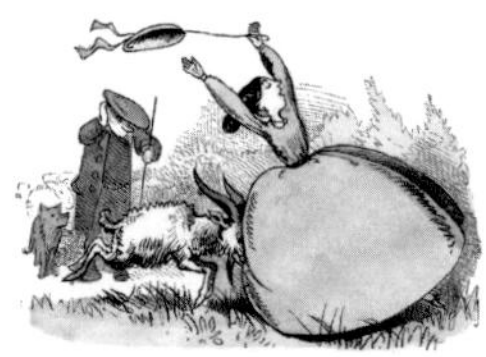

Es stößt der Bock; Adele schreit;
Der Hirt ist in Verlegenheit.

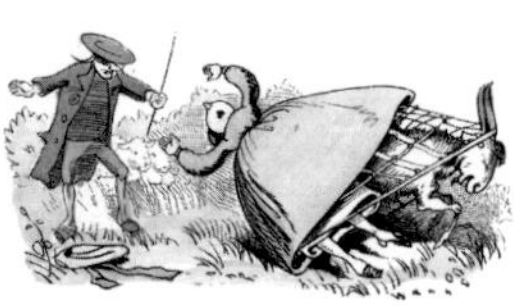

Auf seine Hörner nimmt der Bock
Adelens Krinolinenrock.

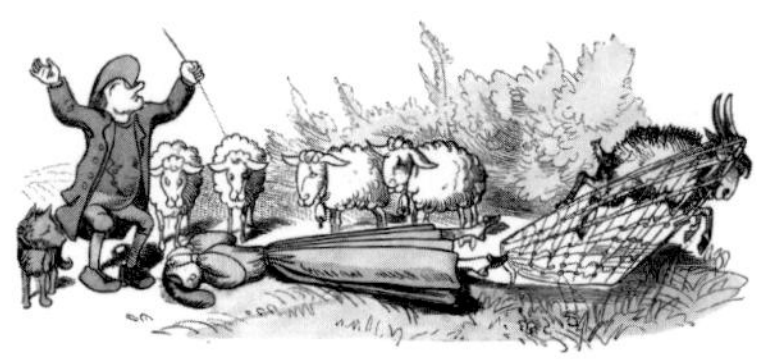

Hund, Hirt und Herde stehen stumm
Um diesen Unglücksfall herum.

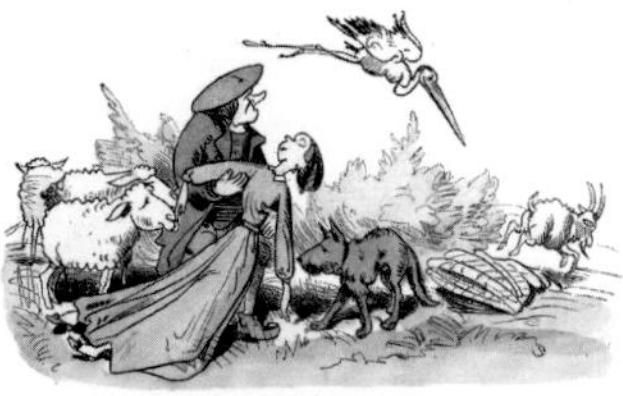

Der Schäfer trägt Adelen fort;
Ein Storch kommt auch an diesen Ort.

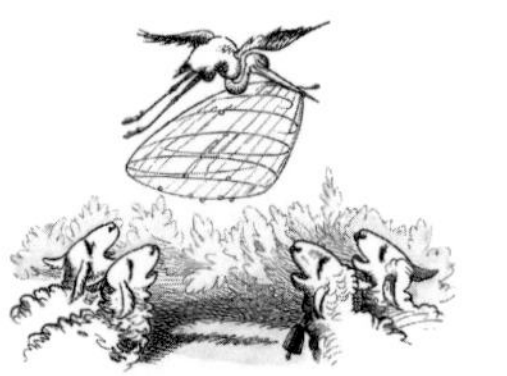

Schnapp! faßt der Storch die Krinoline
Und fliegt davon mit froher Miene.

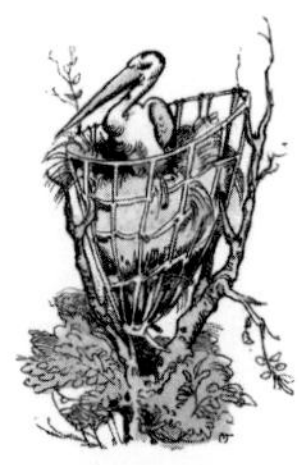

Hier sitzt das Ding im Baume fest
Als wunderschönes Storchennest.

Wilhelm Busch, 1832–1908
Was einer jungen Frau widerfahren kann wenn sie sich zu einem einsamen Spaziergang in die Natur aufmacht
Holzstiche nach Zeichnungen von Wilhelm Busch, aus: Münchner Bilderbogen Nr. 376, 1859

Adelens Spaziergang

Die unberührte Natur ist ein romantisches Symbol für ein selbstbestimmtes Leben und geistige Unabhängigkeit. Bei einsamen Streifzügen in der freien Natur kann der Wanderer (anders als beim Flanieren im öffentlichen, kultivierten Raum) im eigenen Rhythmus schreitend zu neuen Erkenntnissen gelangen und zu sich selbst finden. Da Frauen davon ausgeschlossen blieben, traten weibliche Figuren in freier Natur in der Kunst entweder als luxusbestimmte Verführerinnen, als bescheidene, unverdorbene Alpenkinder oder auch als unbeholfene, den Gefahren ausgesetzte Jungfrauen auf. So zu sehen bei Wilhelm Busch (1832–1908). Der humoristische, satirische deutsche Zeichner, Maler und Schriftsteller war ein Meister der subversiven Zeitkritik und karikiert und geißelt hier die wahnwitzige Krinolinen-Mode der damaligen Damenwelt.

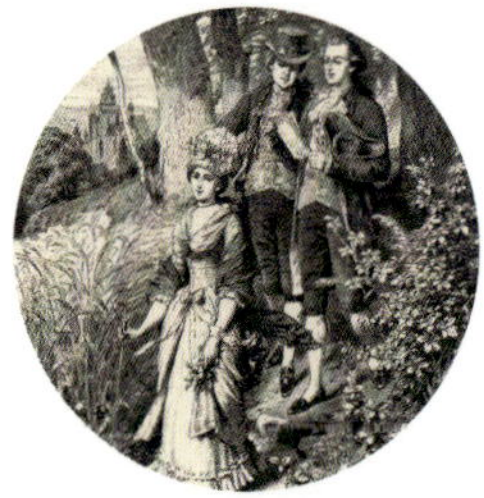

Kaspar Kögler, 1838–1923
Spaziergang Goethes mit Johann Christian Kestner und Lotte
[Charlotte Buff heiratet Kestner im April 1773],
um 1773, Holzstich, 1880

SIE GINGEN DURCH DEN WALD NACH DEM GEBIRGE ZU, FRÖHLICH UND UNBEKÜMMERT

Die Schriftstellerin Dorothea Schlegel (1763–1839), die selbst unter der Rollenzuweisung der Geschlechter in ihrer Zeit litt, hat in ihrem ersten Roman *Florentin* (1801) im Charakter der Figur Juliane darauf Bezug genommen und in der Schilderung einer Wanderung in wilder ungezähmter Natur die Gefahren weiblicher Grenzüberschreitung beschrieben.

Eduard und Florentin hatten einige Male kleine Reisen im Gebirge und in der umliegenden Gegend gemacht. [...] Manches lustige Abenteuer kam ihnen entgegen, sie wiesen keines von sich. Wenn sie dann von ihren Wanderungen zurückkamen, hatten sie viel zu erzählen und von den Eroberungen zu sprechen, die sie wollten gemacht haben. Juliane bekam den Einfall sie einmal zu begleiten; und das nächste Mal, dass sich die beiden jungen Männer wieder zu einer solchen abenteuerlichen Reise anschickten, teilte sie Eduard ihren Wunsch sie zu begleiten mit. [...]

Der Graf und seine Gemahlin hatten aber viel dagegen, und wollten es anfangs unter keiner Bedingung zugeben. Der Wohlstand ward beleidigt, Julianes Gesundheit ausgesetzt, der übrigen Gefahren und ihrer eignen Ängstlichkeit nicht zu gedenken. Florentin, der seinen Kopf auf diesen Plan gesetzt hatte, und

Eduard, der ein Recht zu haben glaubte, eine solche Erlaubnis zu fordern, hörten mit Bitten und Vorstellungen nicht eher auf, bis sie ihnen zugeteilt ward, nur unter der Bedingung, dass sie nicht zu Pferde sondern zu Fuß gingen, und dass sie nicht die Nacht ausbleiben wollten. Und nun wurden noch so viele Anstalten gemacht, so viel Regeln und Warnungen gegeben, dass Juliane, ganz ängstlich gemacht, sich im Herzen vornahm, gewiss nichts zu übertreten, und gewiss zum letzten Mal eine solche Erlaubnis zu begehren. [...]

Da Juliane [...] oft in Männertracht ausritt, so war sie ihrer nicht ungewohnt, sie ging so leicht und ungezwungen daher, als hätte sie nie eine andere Kleidung getragen [...]. Sie gingen durch den Wald nach dem Gebirge zu, fröhlich und unbekümmert (singend und tanzend ...) Juliane, erhitzt [...] lehnte sich an Eduard, ein sanfter Wind, der hoch in den Wipfeln der jungen Birken rauschte, kühlte ihr das glühende Gesicht, und wehte die Locken zurück, die in der Bewegung durch ihre eigne Schwere sich von der Nadel losgemacht hatten, und nun bis tief auf die Hüften herabfielen.

Eduard verlor sich ganz im Anschauen ihrer Schönheit [...] drückte Julianen mit Heftigkeit an seine Brust; die Gegenwart des Freundes vergessend hielt er sich nicht länger, seine Lippen waren fest auf die ihrigen gepresst, seine Umarmung wurde kühner, er war außer sich. – Juliane erschrak, wand sich geschickt aus seinen Armen, und stand auf, ihm einen zürnenden Blick zuwerfend. Eduard war betroffen, sie reichte ihm beruhigend die Hand, die er mit Küssen bedeckte. [...] Die Ausgelassenheit und der steigende Mutwille der beiden fing an sie zu ängstigen, sie fand jetzt ihr Unternehmen unbesonnen und riesenhaft kühn; die beiden Männer kamen ihr in ihrer Angst ganz fremd vor, sie erschrak davor, so ganz ihnen überlassen zu sein [...].

Die kurzfristige Gleichstellung Julianes mit den Männern wird endgültig zerstört, als ein Gewitter über sie hereinbricht, sie verängstigt der Ohnmacht nahe ist und so ihre weibliche »Schwäche« zum Vorschein kommt. Ihre scheinbare Emanzipation wird am Ende zurückgenommen, da sie angesichts der Wanderung in die unbekannte Bergwelt ihre Abhängigkeit erfährt und den Schluss zieht, dass sie es nicht wagen dürfe, bürgerliche Konventionen zu überschreiten.

Dorothea Schlegel, *Florentin*, 1801

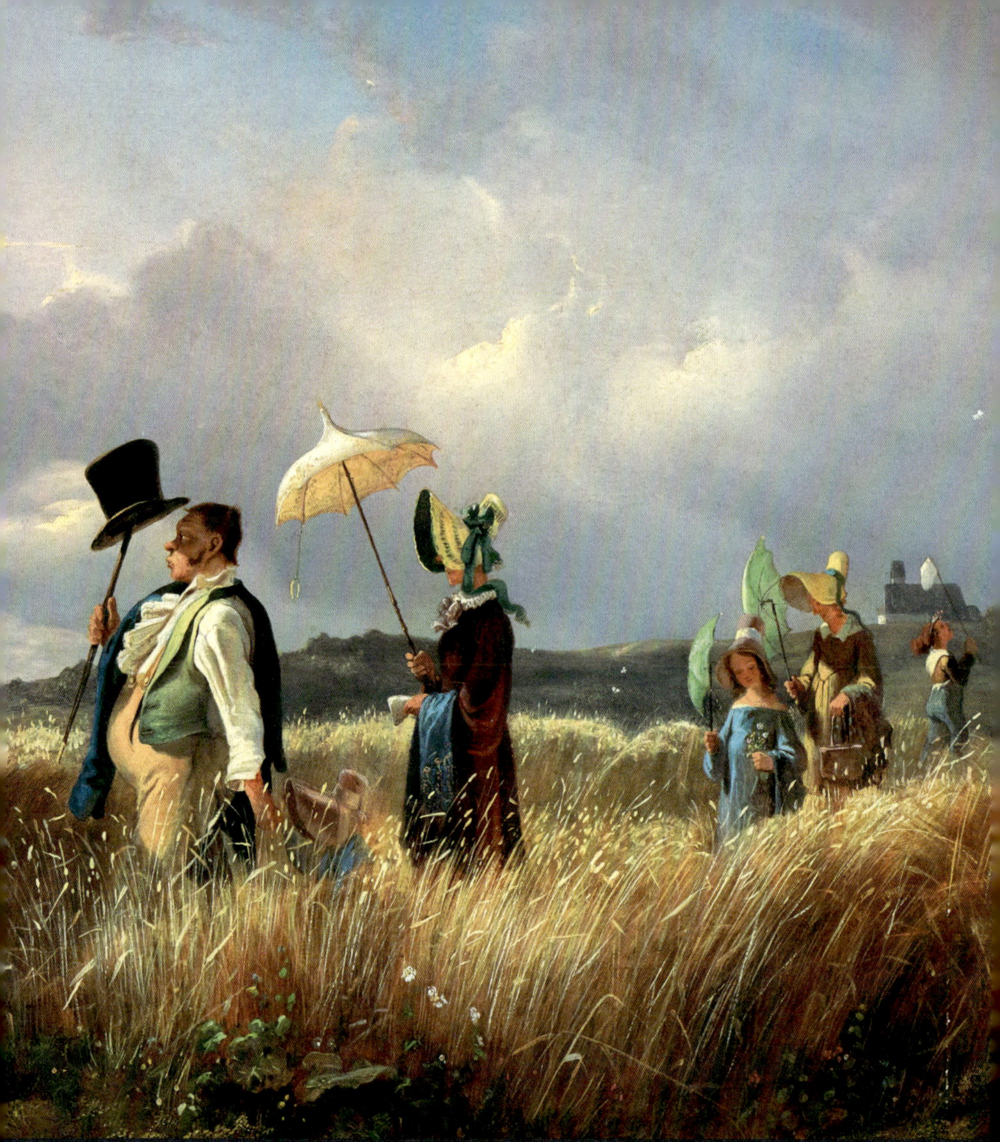

Carl Spitzweg, 1808–1885
Der Sonntagsspaziergang, 1841
Öl auf Leinwand, 28 x 34 cm
Salzburg, Museum Carolino Augusteum

Weitblick unerwünscht

Folgsam und selbstverständlich unter der Führung des Familienoberhauptes unternimmt die Familie den Sonntagsausflug vor den Toren der Stadt hinaus in die Natur. Mitten im Kornfeld bei drückend heißer, gewitterschwüler Luft sicher kein Vergnügen. Nicht vorstellbar, dass sich dabei ein erkenntnisreicher Blick auf die Natur eröffnet, zumal die wie Scheuklappen eng anliegenden Hüte der Frauen und Mädchen die Sicht auf die Landschaft bis zur Unmöglichkeit einschränken. Sie war, wie wir wissen, auch gar nicht erwünscht.

Erik Werenskiold, 1855–1938
In vertrauter Umgebung, 1882
Öl auf Leinwand, 46 x 56 cm
Lillehammer, Kunstmuseum

Wohlbehütet in der Natur

Eine Wanderung in vertrauter Natur auf erkennbaren und wohl bekannten Wegen, aber – wie im Bild anschaulich – ohne eröffnenden Blick auf den ausgeblendeten Horizont. Zwei (noch) leere weiße Holzstühle lassen eine gartenähnliche Landschaft vermuten, in der die im wahrsten Sinne des Wortes wohlbehütete einsame Spaziergängerin Platz nehmen kann.

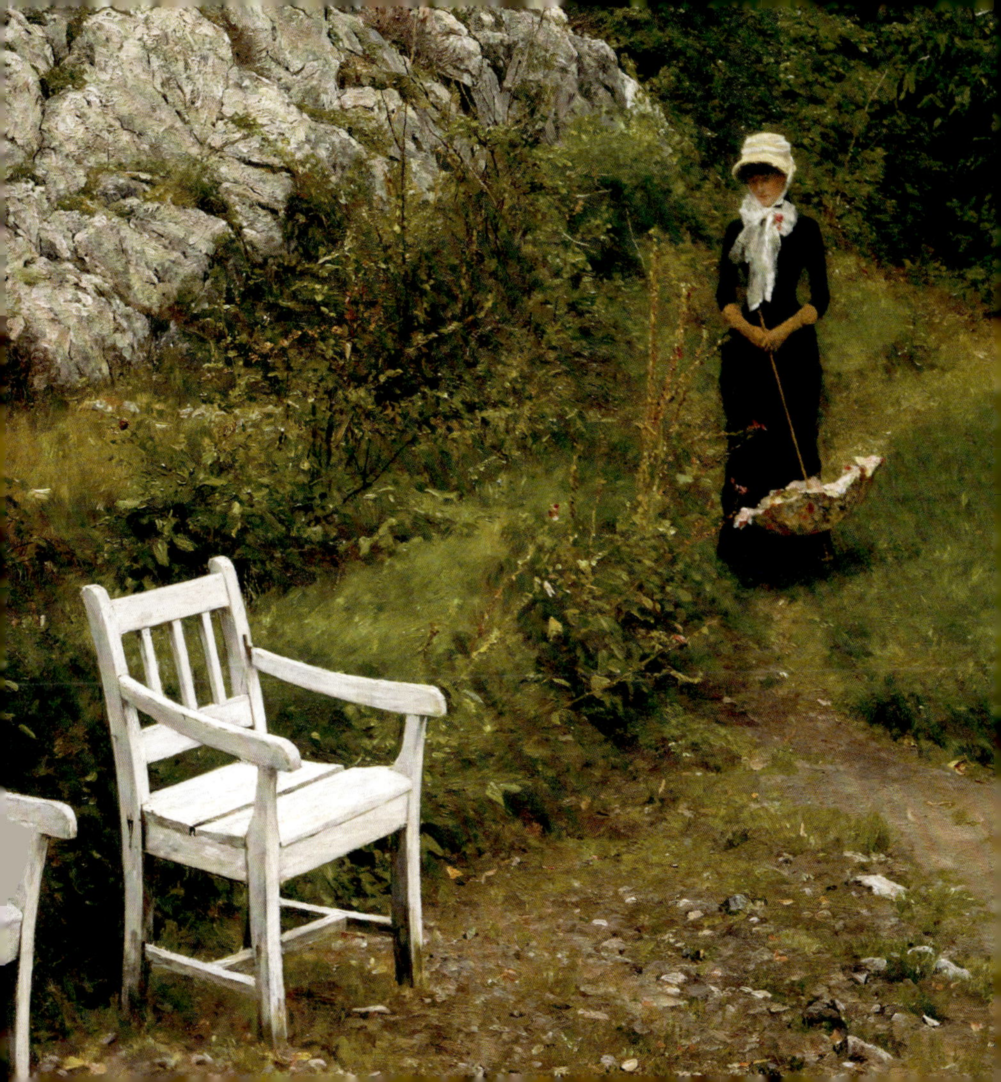

*»Wundersam ist die Macht,
welche ein edles weibliches Wesen über
das männliche Gemüth ausübt, und durch
diese Macht trägt es seinen Einfluß
über die Grenzen seiner Häuslichkeit
hinaus bin in die weitesten Kreise.«*

Friedrich Evertsbusch, 1813–1888

DIE FRAU ALS HÜTERIN DER SITTE

Das Reich der Frau ist drinnen und nicht draußen, sie hat diese Grenze nicht zu überschreiten, weder gedanklich noch physisch. Anstandsbücher wie das von Friedrich Evertsbusch waren im 19. Jahrhundert besonders populär und wurden gerne jungen Mädchen geschenkt.

Denn am erquicklichsten blühen Dir die Freuden des Hauses. Das Haus ist die rechte Heimat des Weibes. Hier ist die Stätte Deiner Thätigkeit und darum auch Deiner wesentlichen Freude. Denn aus der Thätigkeit entsprießt sie, aus Deinem Walten duftet sie Dir entgegen [...]. Armselig ist die Jungfrau, die außer dem Hause ihre besten Freuden sucht; sie sucht, findet aber nicht [...]. Je näher, desto sicherer und schöner. [...] Der Mann strebt hervorzubringen und den Besitz zu erweitern, das Weib das Vorhandene zu erhalten und zu bewahren. Wie sie die äußeren Mittel des Hauses zusammenzuhalten versteht, auch das kleinste beachtend und zum Nutzen verwendend, so ist sie es, welche auch den gemüthlichen Besitz bewahrt und auf künftige Geschlechter forterbst. Das Weib ist zur Hüterin der Sitte berufen. Die Schranken der Sitte zu durchbrechen gilt mit Recht als unweiblich.

Die Bestimmung der Frau liegt vorzüglich in des Hauses trauten Räumen, und etwas weiter in den geselligen Kreisen, welche Haus mit Haus verbinden. [...] Wundersam ist die Macht, welche ein edles weibliches Wesen über das männliche Gemüth ausübt, und durch diese Macht trägt es seinen Einfluß über die Grenzen seiner Häuslichkeit hinaus bis in die weitesten Kreise. Es wagt sich nicht selbst auf den Markt des Lebens; aber es wirkt mit in den Thaten des Mannes und hat seinen Theil auch an den weltbewegenden Gedanken und Ereignissen.

Friedrich Evertsbusch, *Anstandsbuch für junge weibliche Leser*, 1867

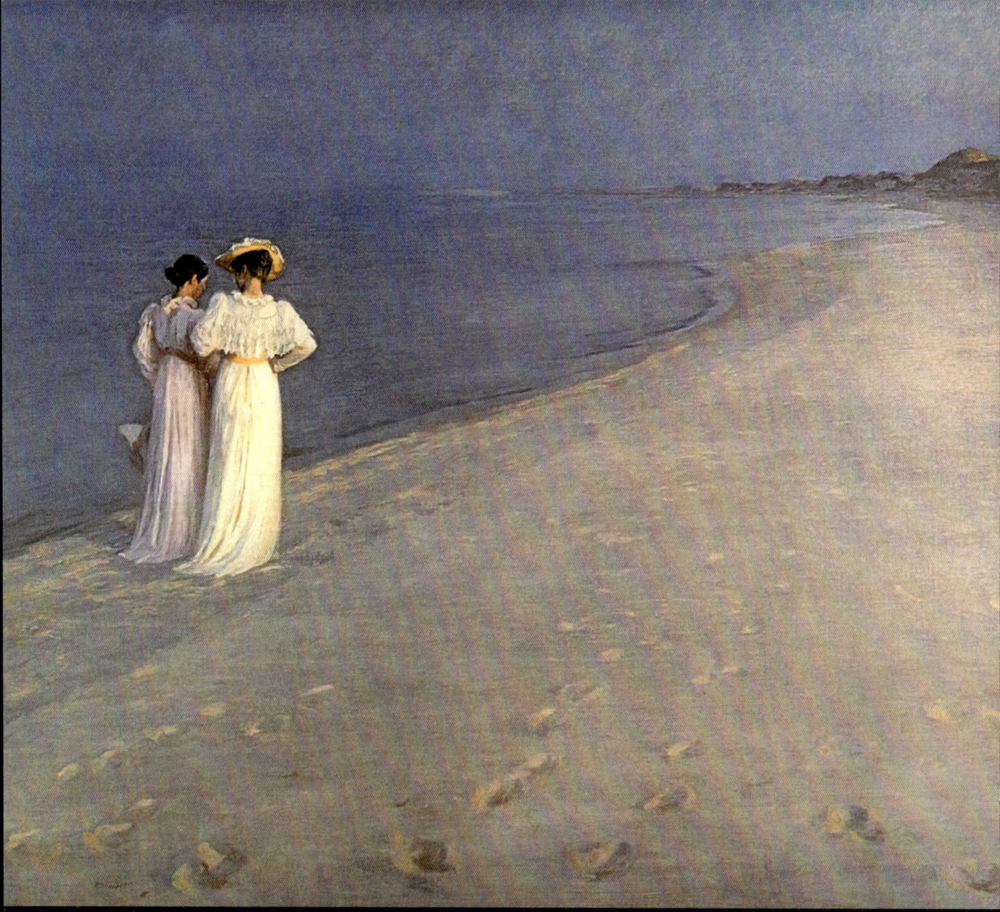

Peder Severin Krøyer, 1851–1909
Sommerabend am Strand von Skagen, 1893
Öl auf Leinwand, 100 x 150 cm
Skagen, Skagens Museum

Selbstbestimmte Frauen

Spaziergänge am Strand, hier in der golden blauen Stunde der Abenddämmerung, galten um 1900 als gesundheitsfördernd und standen daher auch Frauen zu, sei es einsam oder in Gemeinschaft promenierend.

Wir wissen nicht, ob die beiden am Strand von Skagen spazierenden Malerinnen Anna Ancher (1859–1935) und Marie Krøyer (1867–1940) barfuß durch den Sand gingen. Es hätte zu ihrer unkonventionellen Lebensweise gepasst. In ihren weißen langen Sommerkleidern mögen sie den zu jener Zeit gängigen Wunschvorstellungen von Weiblichkeit entsprochen haben. Tatsächlich jedoch gehörten die selbstbewussten Künstlerinnen wie ihre malenden Ehemänner, Peder Severin Krøyer und Michael Ancher, zur sogenannten Skagener Künstlerkolonie. Die Mitglieder dieser nonkonformistischen Lebens- und Arbeitsgemeinschaft widmeten sich in den 1880er-Jahren der Freilichtmalerei nach französischem Vorbild und verknüpften dabei in originärer Weise realistische und naturalistische Bestrebungen mit dem Impressionismus. Skagen, die nördlichste an der Nordspitze von Dänemark gelegene Hafenstadt, bot mit langen weißen Sandständen und einem besonderen Licht die Kulisse für entsprechende Gemälde.

Wie sehr Marie Krøyer mit den Konventionen ihrer Zeit brach, verdeutlicht ein Blick auf ihre Biografie. Sie war nicht nur eine begabte und der nachfolgenden Generation von Malerinnen den Weg bahnende Künstlerin, sondern führte ein selbstbestimmtes Leben jenseits der bürgerlich erwünschten Daseinsform einer Frau. Verheiratet lebte sie mit ihrem Geliebten, einem fünf Jahre jüngeren, schwedischen Komponisten, und ihrem Ehemann über zehn Jahre in einer Dreiecksbeziehung, aus der Kinder hervorgingen. Kein Wunder also, dass ihr bewegtes im Künstlermilieu angesiedeltes Leben 2012 zur Vorlage eines Filmes (Balladen om Marie Krøyer) wurde und sich ihre Biografie bis heute beispielgebend liest für eine mutige, ihren eigenen Weg beschreitende Frau.

Charles Courtney Curran, 1861–1942
Sommerwolken, 1917
Öl auf Leinwand, 127 x 101,5 cm
Privatsammlung

Aufbruchstimmung

Zu Fuß auf dem Plateau des steil abfallenden Felsens angekommen, schauen die jungen Frauen mit herausforderndem Blick in die Landschaft oder – wir wissen es nicht – auf das Meer mit dem Schauspiel herrlicher Sommerwolken. Verweisen die Wolken auf den Schwebezustand des Lebens der ganz in unschuldiges Weiß Gekleideten, die nach ihrem Aufstieg gewissermaßen den Blick in die unbekannte Zukunft und den Aufbruch auf eigenen Füßen wagen?

Der amerikanische Maler Charles Courtney Curran (1861–1942) bevorzugte in seinen Genreszenen vor allem junge, schlanke, fragile Frauenfiguren in romantischer Umgebung und weiten, ausgedehnten Landschaften, wobei er stets ein besonderes Interesse für Lichteffekte beweist.

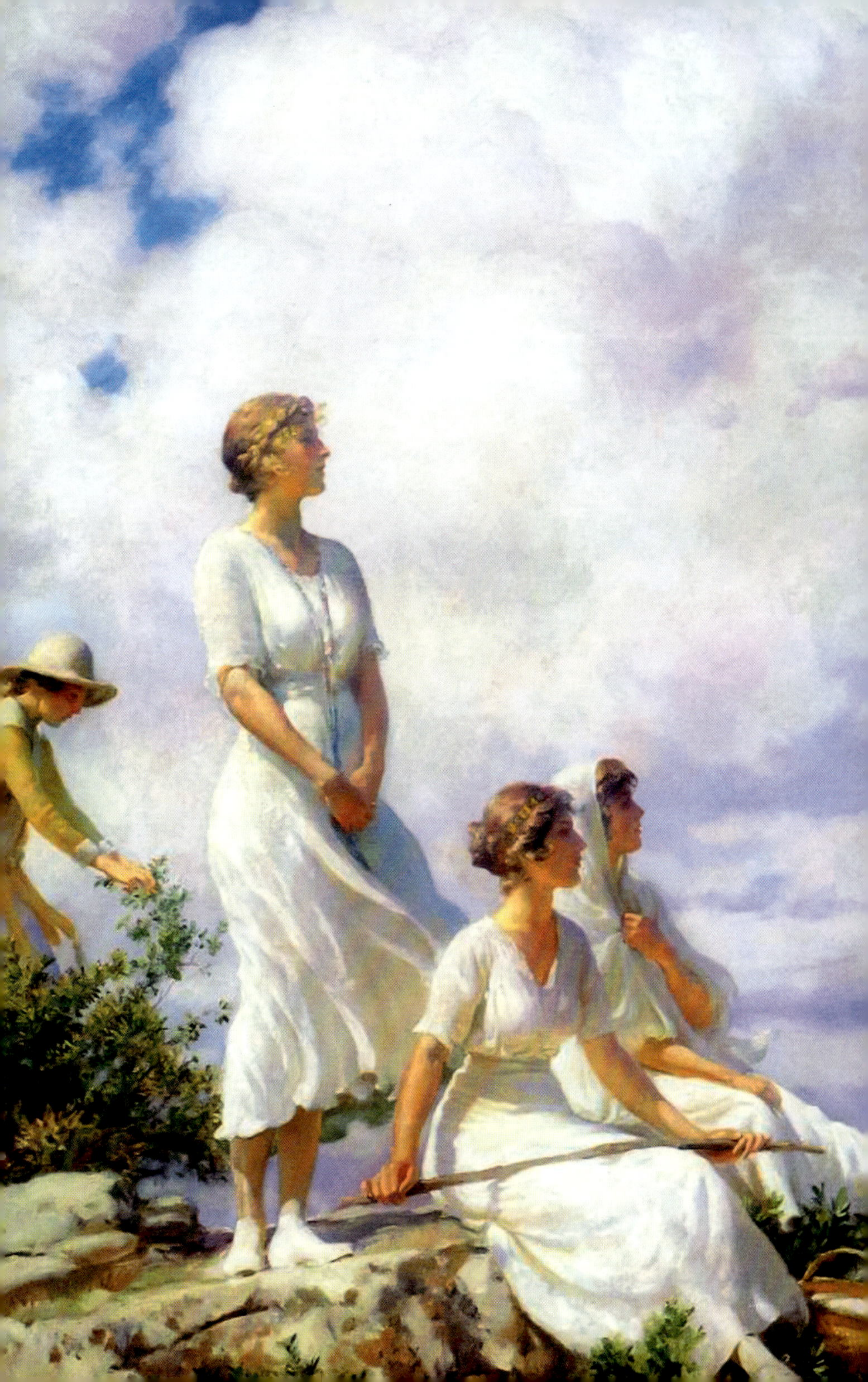

UNGEHEUERLICHE GEDANKEN

Ein Anstandsbuch von 1867 warnt vor dem Risiko, zu lesen: »Lies nicht zu viel, meine Tochter! Auch die geistige Speise, im Übermaß genossen, bekommt übel – doppelt, wenn sie ungesund ist, ich warne dich vor der Lesesucht, welche unterschiedslos von Buch zu Buch, von Journal zu Journal eilt: besonders warne ich dich in dieser Hinsicht vor den Romanen, weil sie am leichtesten solche Sucht erregen und in der jungen Welt den meisten Schaden stiften ... Durch vieles Romanlesen ist manches Weib für das Leben unbrauchbar gemacht und durch schlechte Romane manches Gemüth vergiftet und verdorben ...«

Riskante, ungeheuerliche Gedanken konnten sich den Frauen auch bei einsamen Spaziergängen in der Natur eröffnen. Es erstaunt daher wenig, dass die skandalumwitterte Romanfigur Emma Bovary auf diese Weise ihrer leidenschaftslosen Ehe zu entkommen suchte:

Sie wanderte meist bis zum Buchenwäldchen von Banneville, bis zu dem leeren Lusthäuschen, das an der Ecke der Parkmauer steht, wo die Felder beginnen. Dort wuchs in einem Graben zwischen gewöhnlichen Gräsern hohes Schilf mit langen scharfen Blättern. Jedes Mal, wenn sie dahin kam, sah sie zuerst nach, ob sich seit ihrem letzten Hiersein etwas verändert habe. Es war immer alles so, wie sie es verlassen hatte. Alles stand noch auf seinem Platze: die Heckenrosen und die wilden Veilchen, die Brennnesseln, die in Büscheln die großen Kieselsteine umwucherten, und die Moosflächen unter den drei Pavillonfenstern mit ihren immer geschlossenen morschen Holzläden und rostigen Eisenbeschlägen. Nun schweiften Emmas Gedanken ins Ziellose ab, wie die Sprünge ihres Windspiels, das sich in großen Kreislinien tummelte, gelbe Schmetterlinge ankläffte, Feldmäusen nachstellte und die Mohnblumen am Raine des Kornfeldes anknabberte. Allmählich gerieten ihre Grübeleien in eine bestimmte Richtung. Wenn die junge Frau so im Grase saß und es mit der Stockspitze ihres Sonnenschirmes ein wenig aufwühlte, sagte sie sich immer wieder: »Mein Gott, warum habe ich eigentlich geheiratet?«

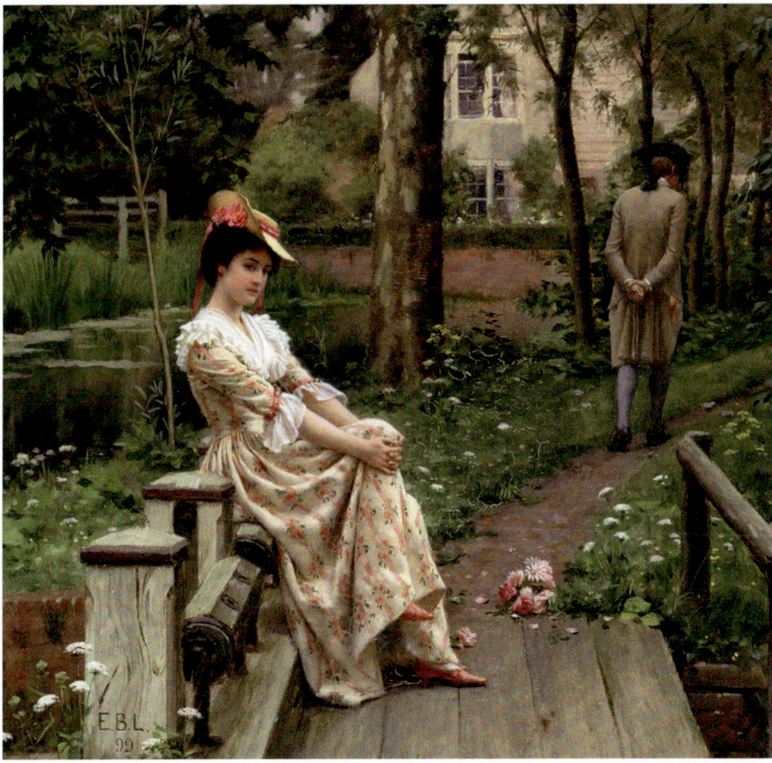

Sie legte sich die Frage vor, ob es nicht möglich gewesen wäre durch irgendwelche andre Fügung des Schicksals, dass sie einen andern Mann hätte finden können. Sie versuchte sich vorzustellen, was für ungeschehene Ereignisse dazu gehört hätten, wie dieses andre Leben geworden wäre und wie der ungefundene Gatte ausgesehen hätte. In keinem Falle so wie Charles!

Gustave Flaubert, *Madame Bovary,* 1857

Edmund Blair Leighton, 1852–1922
Trennung während des Spaziergangs, 1899
Öl auf Leinwand, 32,7 x 24,8 cm
Manchester Art Gallery

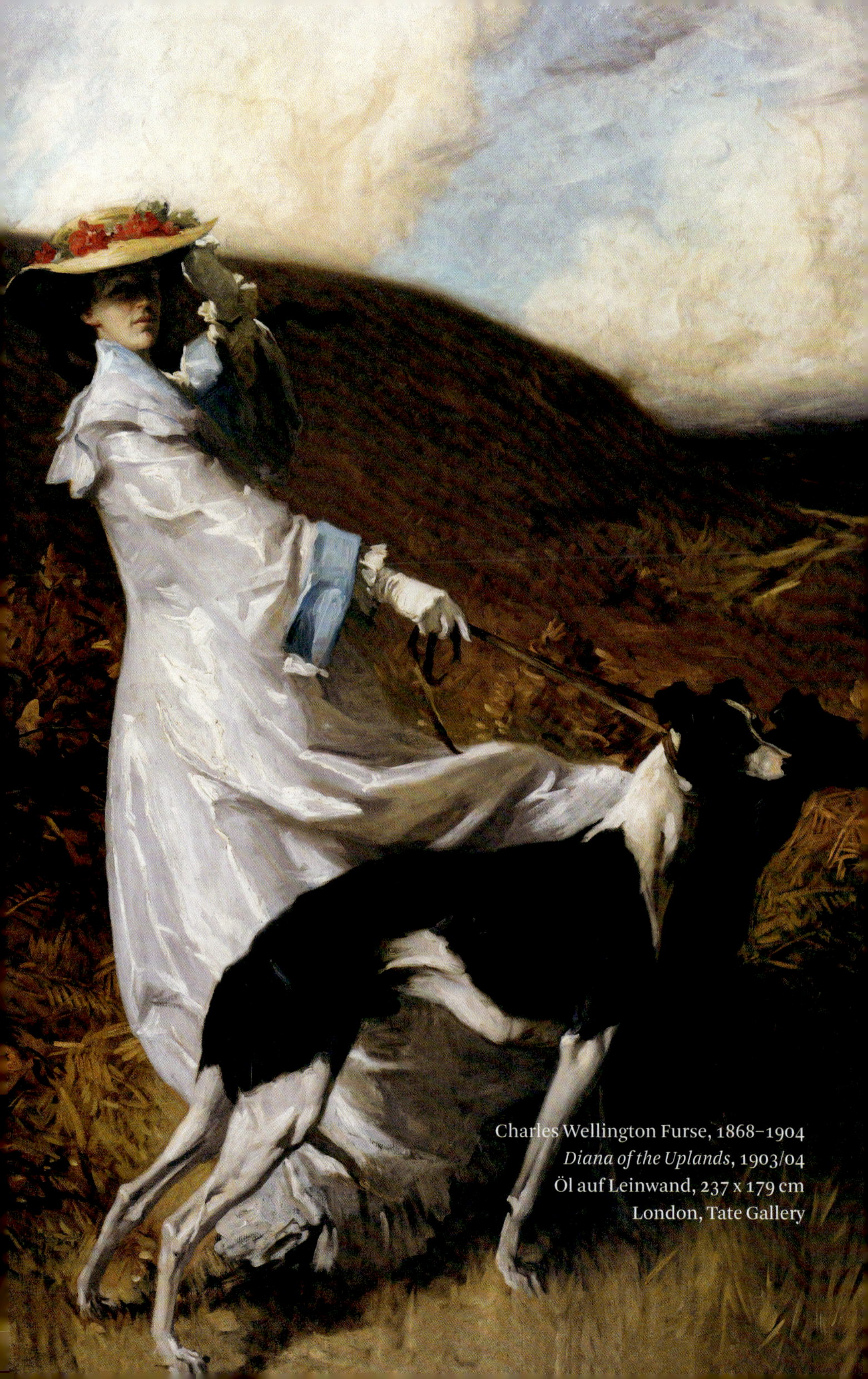

Charles Wellington Furse, 1868–1904
Diana of the Uplands, 1903/04
Öl auf Leinwand, 237 x 179 cm
London, Tate Gallery

Ungebändigte Energie

Gebändigte, in Zaum gehaltene Energie sucht Befreiung bei einem Spaziergang in der wilden vom Wind durchbrausten Landschaft des englischen Hochlands. So könnte man die dargestellte Szene auf den ersten Blick beschreiben. Zugleich ist dies eine geniale Schilderung der Persönlichkeit der Porträtierten, bei der es sich um die Ehefrau des Malers, Katharine Furse (1875–1952), handelt. Tatsächlich reflektiert das vom Künstler wohlkalkulierte Sujet das Verhältnis der Spaziergängerin zur eigenen Natur. Inmitten dieser unwirtlichen, einsamen und menschenleeren Hügellandschaft trägt sie einen extravaganten, weißen Satinmantel. Begleitet von zwei für die Bildrealisation angemieteten Windhunden – Windhunde waren beliebt bei adligen Damen und symbolisierten wahre Vornehmheit –, gleicht sie so einer Lady und brach doch in vieler Hinsicht mit gängigen Frauenbildern.

Als kurz nach Fertigstellung des Gemäldes ihr Ehemann verstarb und sie mit zwei Söhnen allein zurückblieb, startete sie selbstbewusst und unabhängig eine eigene erfolgreiche berufliche Karriere als Krankenschwester und später als Direktorin des Roten Kreuzes während des Ersten Weltkriegs. Selbstbewusst und in ihrer Kindheit in den Schweizer Bergen aufgewachsen, die sie ihrer Autobiografie (Hearts and Pomegranates, 1940) folgend über alles liebte, war sie nach Kriegsende in der Schweiz im Bereich des Bergtourismus und Sports tätig und leitete lange Jahre die Weltorganisation der Pfadfinderinnen. So erweist sich die Freilichtmalerei dieser verwegenen Frauenfigur im Wind als Sinnbild für Vitalität, Lebensfreude und nicht zuletzt der weiblichen Emanzipation. Nicht zufällig war Katharine Furse mit Virginia Woolf befreundet, ihr Briefwechsel spiegelt den offenen unkonventionellen Geist dieser beiden ungewöhnlichen Frauen, für die der Gang auf eigenen Füßen fraglos war.

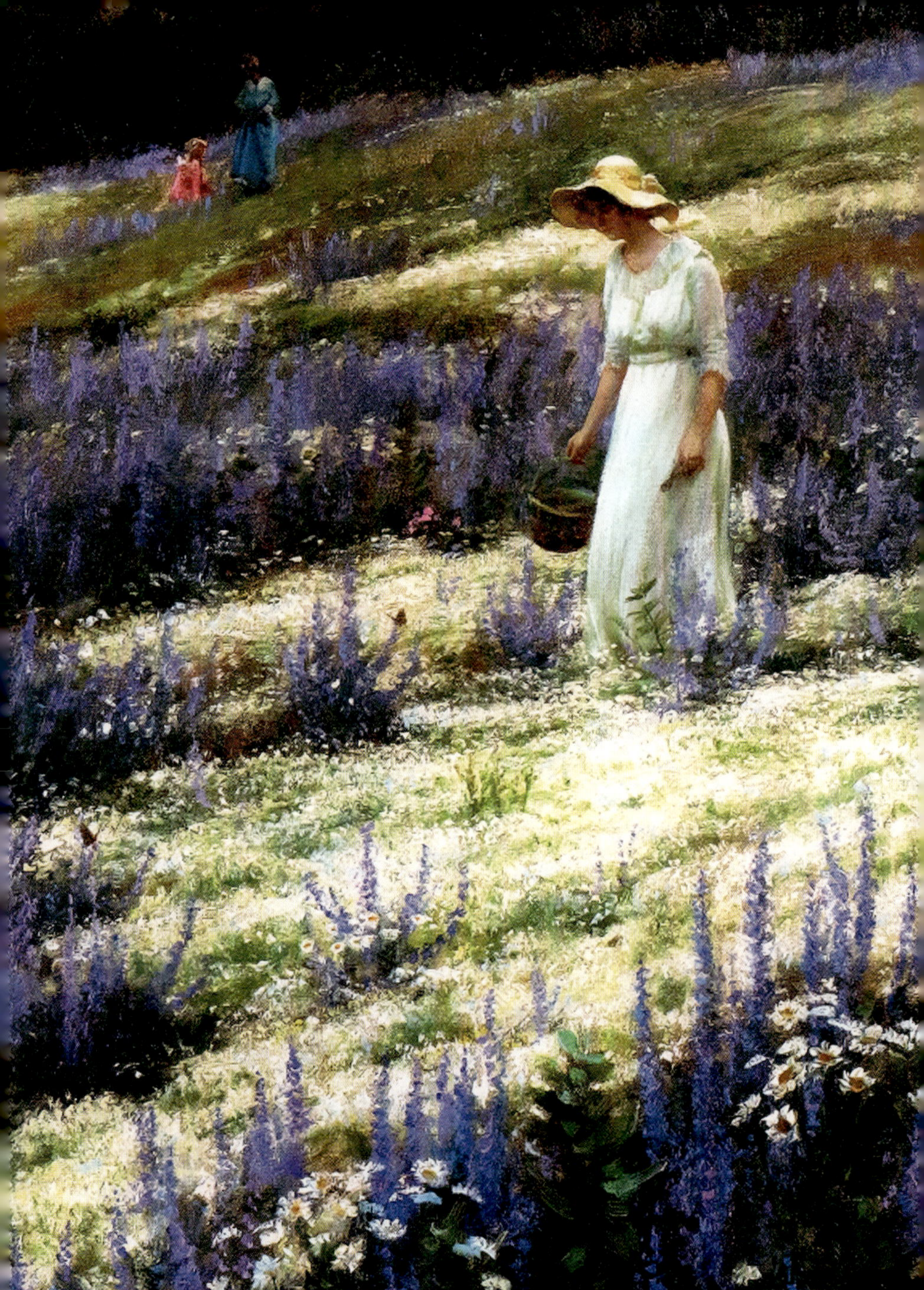

Charles Courtney Curran, 1861–1942
Auf einem Hügel, 1914
Öl auf Leinwand, 64 x 56,5 cm
Privatsammlung

4. KAPITEL

Weit hinauf: Der Gipfel von allem

»Am Ziel deiner Wünsche
wirst du jedenfalls eines vermissen:
dein Wandern zum Ziel.«

Marie von Ebner-Eschenbach, 1830–1916

»Ich hatte keine Lust, meinem Leben durch Vorsicht die Farbigkeit zu nehmen […]. Ich bereue nicht, lange an dieser Illusion festgehalten zu haben, denn ihr verdanke ich eine Kühnheit, die mir das Leben erleichterte.«

Simone de Beauvoir, 1908–1986

Über Jahrhunderte galten die Alpen als unzugängliches Territorium, zu überwinden lediglich auf dem Weg nach Italien, der berüchtigt war für seine Strapazen und Gefahren. Erst mit der veränderten Naturwahrnehmung einer aufklärerischen Gedankenwelt im 18. Jahrhundert verloren die schroffen Gipfel und tiefen Schluchten ihre unheimliche Wirkung auf die Menschen. Die Alpen rückten ins Blickfeld der Wissenschaften und wurden zum Idealbild einer freien und ursprünglichen Natur. Bildungsreisende machten sich auf, die erhabene Bergwelt zu Fuß zu »erobern«; 1786 gelang erstmals die Besteigung des Mont Blanc (4810 Meter).

Schon früh waren unter den Bergtouristen auch einige Frauen dabei, zunächst allerdings nicht zu Fuß, denn das wäre unschicklich gewesen. Sie ließen sich, wie 1718 die englische Schriftstellerin Mary Wortley Montagu (1689–1762) und 1784 die deutsche Literatin Sophie von La Roche (1730–1807) berichteten, in beängstigend schwankenden Stühlen aus geflochtenen Weiden die Berge hinauftragen. Bewegungslos froren sie nicht nur, sondern fürchteten, über einem Abgrund aus den Sänften zu stürzen. Nichtsdestoweniger beschrieb Sophie von La Roche die Begegnung mit den französischen Bergen 1784 als das schönste Erlebnis in ihrem Leben.

Zunächst aber blieb das Bergsteigen vorrangig Männersache und das Hochgebirge eine männliche Domäne. In den sich Mitte des 19. Jahrhunderts gründenden Alpenvereinen blieben Männer erst einmal unter sich.

Doch die Frauen ließen sich nicht lange zurückdrängen und erkämpften sich die Bergwelt auf eigenen Füßen. Deren Faszination erlagen so berühmte Europäerinnen wie die englische Königin Queen Victoria (1819–1877), die als passionierte Malerin während ihres Bergaufenthaltes in der Schweiz 1865 den Rigi (1800 Meter) und den Pilatus (2128 Meter) gemalt hat; die Kaiserin Elisabeth von Österreich (1837–1898) und die italienische Königin Margarethe von Savoyen (1851–1926) – oder auch erste Wissenschaftlerinnen, die sich der geologischen Erforschung der Bergwelt widmeten, darunter die britische Fossiliensammlerin Etheldred Benett (1776–1845) und die schottische Geologin und Frauenrechtlerin Maria Matilda Ogilvie Gordon (1864–1939). Gipfelstürmerinnen blieben allerdings weiterhin eine Seltenheit, denn in den ersten Jahrzehnten des Alpinismus galten Frauen am Berg, sei es auch in männlicher Begleitung, mit männlichen Bergführern, und noch schlimmer allein oder nur in weiblicher Begleitung, als anstößig. Selbst den einheimischen zu endlosen Fußgängen (und als Trägerinnen der bergsteigenden Touristen) gezwungenen Bergbewohnerinnen wurde die Befähigung zu pionierhaften Bergtouren und Erstbesteigungen abgesprochen, obwohl die Schweizer Bauernmagd Marie Paradis (1778–1839) als erste Frau 1808 den Mont Blanc bestieg. Den Ruhm als »Braut des Mont Blanc« erntete jedoch 1838 die französische Adlige Henriette d'Angeville (1794–1871), da sie medienwirksam über ihre Leistung berichtete.

Die ersten bereits Ende des 18. Jahrhunderts auftauchenden Alpinistinnen wurden allgemein mit Misstrauen betrachtet und herabgewürdigt, da von ihnen eine doppelte Gefahr auszugehen schien. Zum einen emanzipierten sie sich durch herausragende sportliche Leistungen und konkurrierten so aktiv mit den Männern. Zum anderen widerlegten sie auf diese Weise die tradierten männlichen Bilder und Festschreibungen vermeintlich natürlichen weiblichen Verhaltens: als schwaches Geschlecht seien sie zu keinen großen körperlichen Leistungen in der Lage. Das Ausdauer, Trittsicherheit und Kraft erfordernde Bergsteigen als fester

Bestandteil männlicher Riten (Initiation) konnte von den Frauen entsprechend nur gegen große Widerstände erobert werden. Die »wilde« Bergwelt schien die Welt des Mannes, in der die Frau nur als »ungepflegte Zottelhexe in nachlässiger Gewandung« unterwegs sein könne und in der sie sich unnötig unvorhersehbaren Gefahren aussetze.

Zur Ablehnung jedweder weiblicher Aktivitäten in unzugänglichen Höhen passte auch die Vorstellung des Berges als Ort der erotischen Verführung, der imaginären Topographie der Alpen als »keusche Schöne«, die es im Sinne des männlichen Besitzanspruchs zu bezwingen galt. Es erstaunt daher wenig, dass in der Beschreibung der unberührten Natur geschlechtsspezifische Merkmale und die auf Initiation zielenden Bergbesteigungen als fester Bestandteil männlicher Übergangsriten auftauchen. Erotische Spekulationen wurden entsprechend auch von Bergsteigerinnen formuliert, die in Begleitung von männlichen Führern nach intensiver Bewegung und ansteigendem Erleben den Höhepunkt des Gipfels erklommen.

Frauen hatten es bei alledem nicht leicht, als selbstständige Alpinistinnen zu bestehen. Mehr noch als bei Spaziergängen und kleinen Wanderungen erzwangen alpine Touren die richtige Ausrüstung: beginnend mit trittfesten Schuhen und Stöcken bis hin zu Hosen – eine Ungeheuerlichkeit an Damen. So zogen die ersten Bergsteigerinnen im langen Rock los, doch spätestens am ersten Felsen verschwand das störende Kleidungsstück im Rucksack. Die Herausforderung bestand darin, auch beim Bergsteigen Dame zu bleiben. So musste die Kleidung praxistauglich sein und gleichzeitig der gesellschaftlichen Frauenrolle entsprechen.

Der Weg hin zu gleichberechtigten Berg-Frauen und alpinen Höchstleistungen in der Besteigung von Achttausendern war lang. Noch über ein Jahrhundert dauerte es, bis schließlich ein so berühmter Bergsteiger wie Reinhold Messner in seinem Buch über Gipfelstürmerinnen neidlos schreiben konnte: »Frauen sind nicht nur höhentauglicher als Männer, sie klettern auch eleganter.«

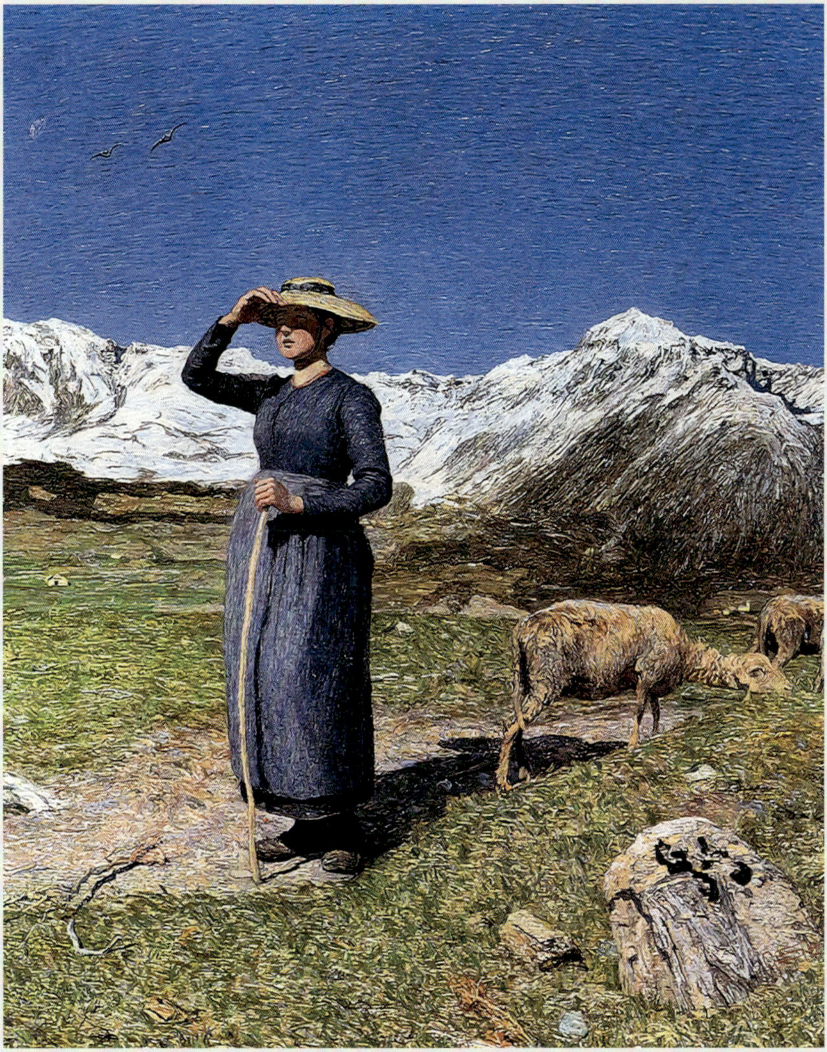

Giovanni Segantini, 1858–1899
Mittag in den Alpen, 1891
Öl auf Leinwand, 77,5 x 71,5 cm
St. Moritz, Segantini Museum

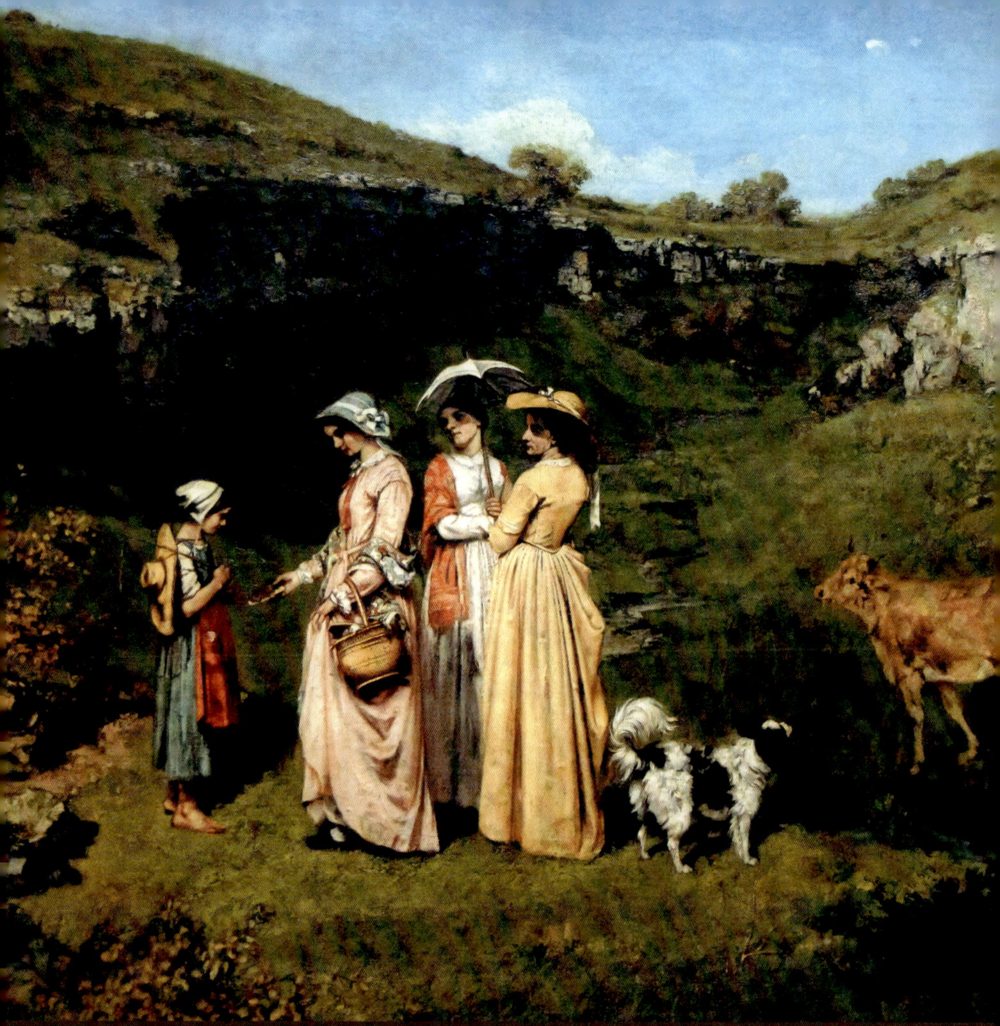

Gustave Courbet, 1819–1877
Junge Frauen im Gebirge, 1851–1852
Öl auf Leinwand, 194,6 x 261 cm
New York, Metropolitan Museum

Deplatzierte Damen

In der Mode von Städterinnen mit Sonnenschirm (um den hellen Teint zu bewahren), Hüten und Schal fein herausgeputzt, unternehmen drei junge Frauen einen Ausflug in die felsige Berglandschaft. Sie wirken in der urwüchsigen Natur seltsam deplatziert und in der Begegnung mit dem natürlichen ungekünstelten Mädchen vom Land der Lächerlichkeit preisgegeben.

In Szene gesetzt hat die Damen der realistische, französische Maler Gustave Courbet, und er wirft damit nicht nur einen kritischen Blick auf den sozialen Wandel der eigenen Epoche. Er veranschaulicht auch die »närrische« Zeiterscheinung der Städterinnen, zu Fuß Expeditionen in die wilde Natur zu unternehmen.

Winslow Homer, 1836–1910
Wanderinnen in den Bergen, 1877
Öl auf Leinwand, 61 x 96,5 cm
New York, Brooklyn Museum

Kühne Wanderinnen

Bilder wie dieses, unabhängige und sportliche Frauen ohne männliche Begleitung bei der Besteigung eines Berges zeigend, waren 1877 noch eine Seltenheit. Der steile Aufstieg verlangte körperliche Ausdauer, Kraft und Trittsicherheit, die als männliche Eigenschaften galten und schwerlich mit gängigen bürgerlichen Vorstellungen von weiblichen Tugenden zu verbinden waren. Indem sich Frauen allein in die Berge hinaus- und hinaufwagten, eroberten sie sich eine Welt, die bislang als männliches Terrain galt. Sie traten damit – Ängste und Verunsicherung auslösend – in einen aktiven Wettstreit mit den Männern.

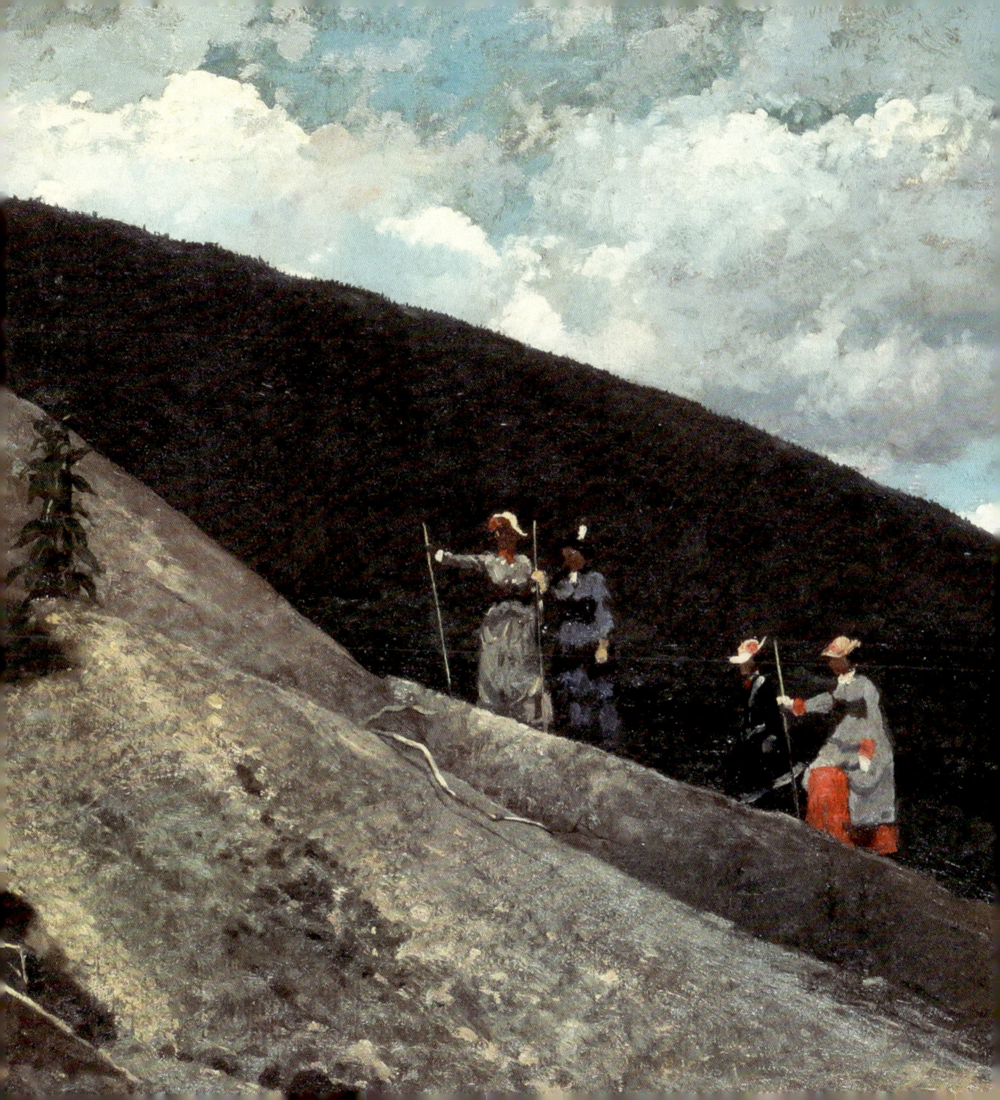

Hans Andreas Dahl, 1881–1919
Wandernde bei einer Ruhepause in gebirgiger Landschaft, um 1900
Öl auf Leinwand, 127 x 152,5 cm
Privatsammlung

Weit, weit weg

Einsam und fern der Zivilisation wird die Bergwelt zum Ort der Besinnung und Selbsterkenntnis, der Freiheit und Emanzipation, an dem die »Wahrheit« ans Licht kommt. Denn hier kann die Frau losgelöst von gesellschaftlichen Konventionen ihre eigene Persönlichkeit entdecken. Nicht von ungefähr ist der Berg Symbol für Grenzerfahrungen und Überschreitungen bis hin zur Verführung.

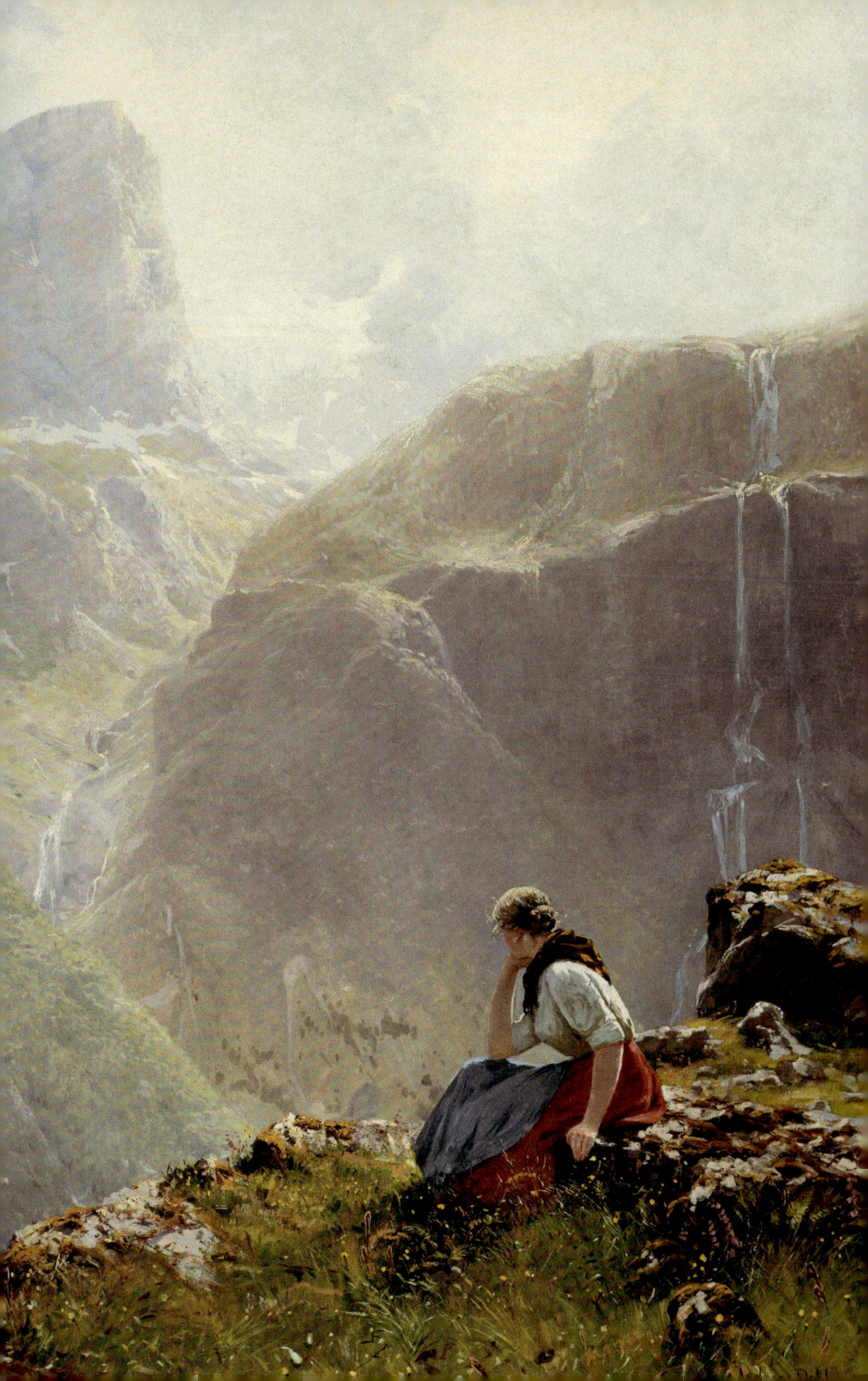

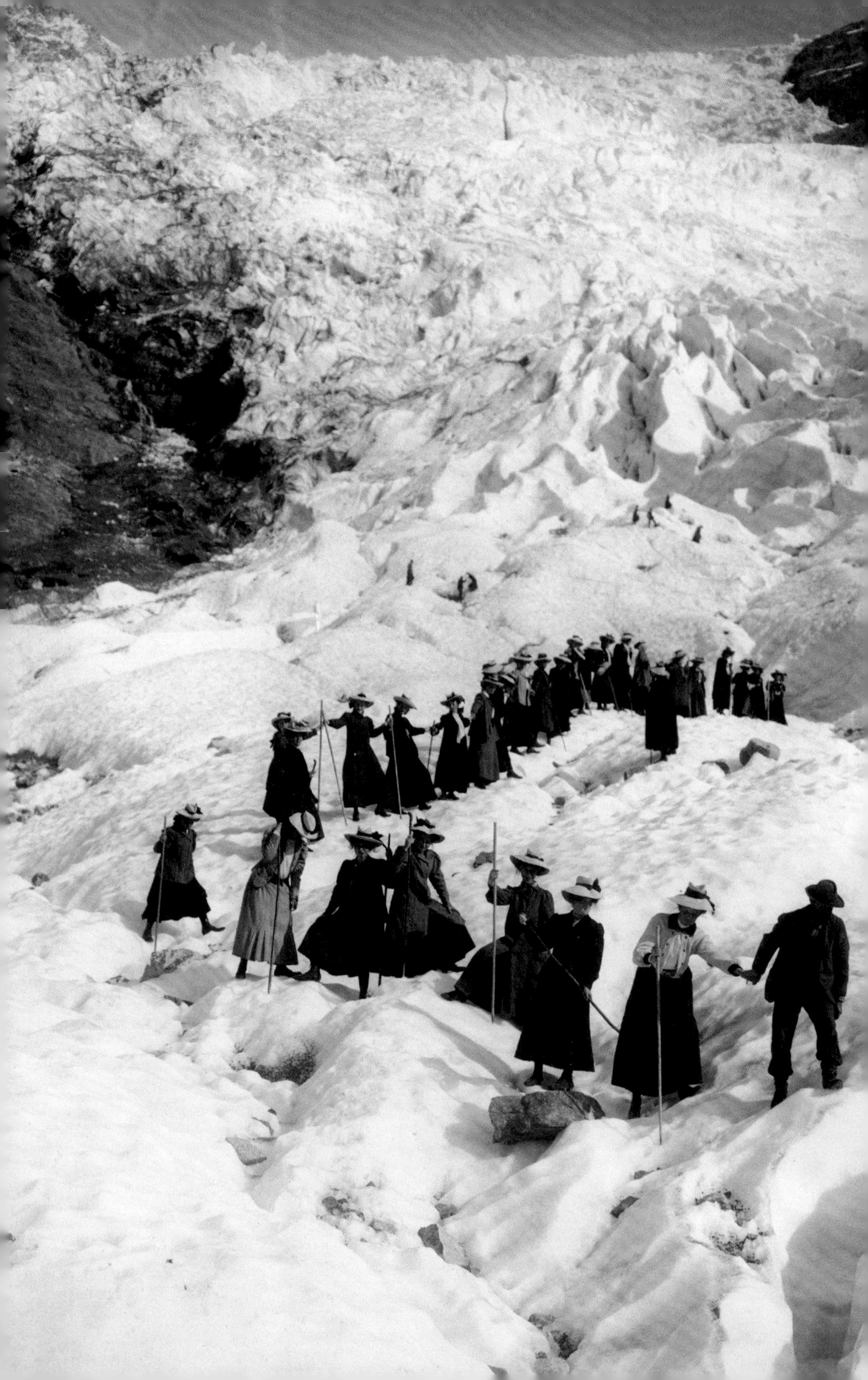

Fotografie der Brüder Seeberger
Bergsteigerinnen im Mer de Glace, Gletscher der Mont Blanc-Gruppe
1901–1925

Im Rock auf die Berge

Die Bezwingung des Mont Blanc, die 1786 erstmals zwei Bergsteigern glückte, fand im 19. Jahrhundert großes öffentliches Interesse und wurde damit auch für Frauen wie Henriette d'Angeville (1794–1871) zur Herausforderung. Die französische Adlige erreichte 1838 den höchsten Gipfel Europas aus eigener Kraft und hielt dieses Erlebnis in einem Bericht fest. Henriette d'Angeville wollte der Welt zeigen, dass auch Frauen in der Lage seien, eine solche Tour zu bewältigen, und der Allgemeinheit zugleich eine weibliche Sicht auf dieses beeindruckende Erlebnis in der »wilden« Natur vermitteln. Tatsächlich hatte die schriftliche Gestaltung des Erfahrenen, die Aufzeichnung der Geschichte dieser Expedition, maßgeblichen Anteil an ihrem Ruhm. Sie beschreibt den Aufstieg als Bewährung des Willens und begegnet dem Bergsteigen nicht nur als physischem Prozess, sondern auch im Schreiben. Die Fiktion eines modernen Frauenbildes – Wollen heißt Können – war ein Wahlspruch dieser Wegbereiterin des Frauenalpinismus. Eines schließlich macht sie deutlich: Die Frau kann den Traum des modernen Entdeckerhelden genauso gut inszenieren wie ein Mann.

Wie sehr der Mont Blanc in diesem Sinne zur Plattform weiblicher Emanzipation wurde, beweist die Fotografie der Brüder Seeberger Jules, Louis und Henri zu Beginn des 20. Jahrhunderts.

James Walker Tucker, 1898–1972
Wandern, 1936
Öl auf Leinwand, 51,2 x 60,3 cm
Newcastle-upon-Tyne, Laing Art Gallery

Bestens ausgestattet

Drei sportbegeisterte, durchtrainierte junge Frauen werfen einen Blick zur Orientierung auf die mitgeführte Wanderkarte. In kurzen Hosen und ohne männliche Begleitung unternehmen sie eine Tour durch die englische Landschaft und sind dabei bestens und passend ausgerüstet. Sie haben Rucksäcke, Trinkflaschen und sogar Kochgeschirr dabei. Sie sind unabhängig und finden ihren Weg auf eigenen Füßen allein.

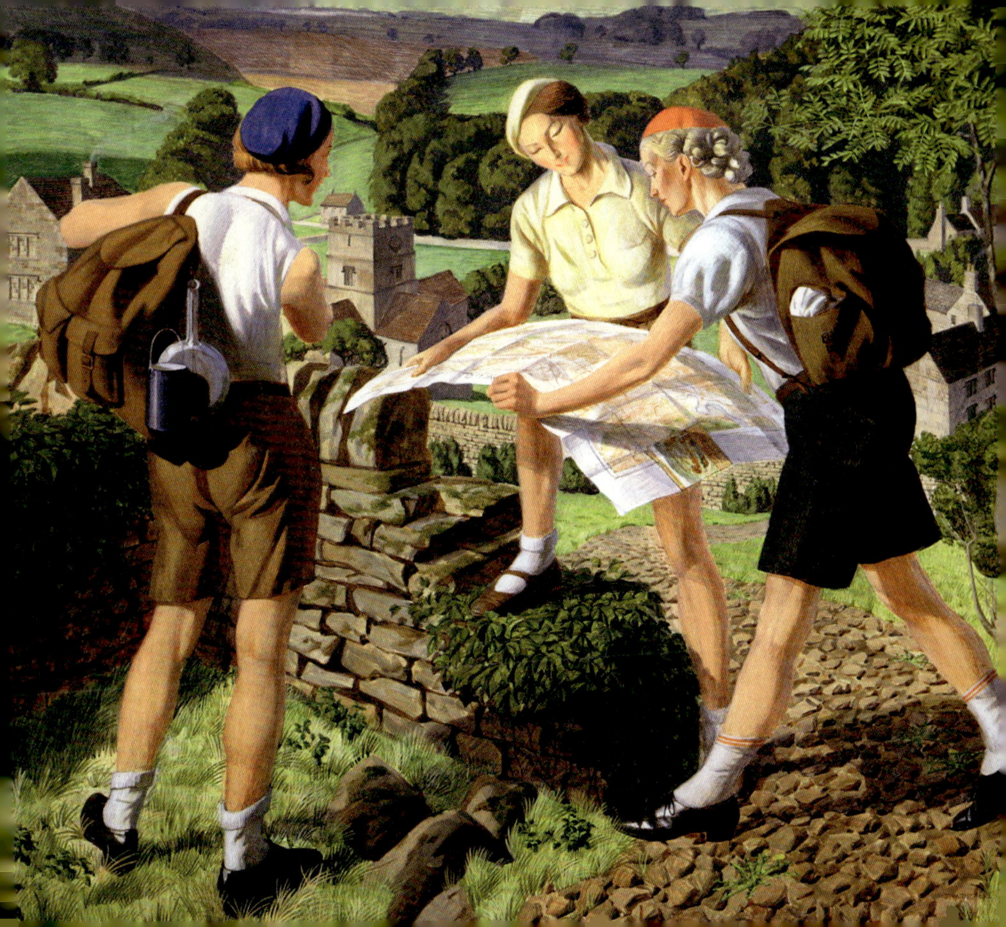

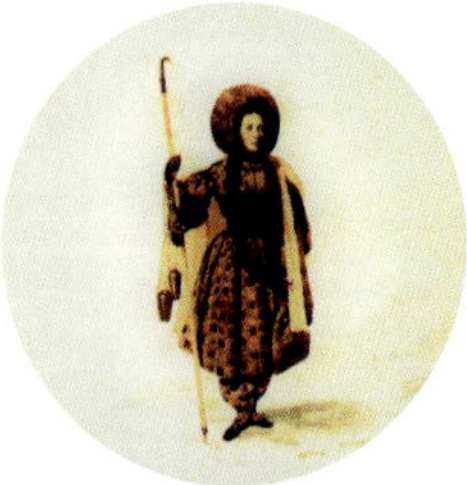

Henriette d'Angeville

ICH WERDE NIEMALS WIEDER EIN WEIB AUF DEN MONT BLANC FÜHREN

Die französische Bergsteigerin Henriette d'Angeville (1794–1871) stand 1838 nach Marie Paradis als zweite Frau auf dem Gipfel des Mont Blanc und gilt als die erste große Alpinistin. Schon 1808 hatte Marie Paradis als erste Frau die Spitze des höchsten Berges in Europa erreicht, war dabei aber wohl streckenweise von Jacques Balmat (der gemeinsam mit Michel-Gabriel Paccard am 8. August 1786 den Mont Blanc als Erster bestiegen hatte) getragen worden.

Mademoiselle d'Angeville [...] übte sich früh in weiten Berg Ausflügen in ihrer Nachbarschaft, wobei sie einmal in vier Tagen siebenzig Stunden zu Fuß machte. Dieß sollte man nicht glauben, bei ihrem zarten Körperbau und ihrem feinen, eleganten Fuß, dem eine gar schöne Hand entspricht. In ihrem Auge zeigt sich allerdings Geist und Festigkeit, in ihrer Sprache Entschiedenheit und vielfache Gesellschaftsbildung. Uebrigens ist sie nicht hübsch, zur Zeit der Ersteigung (4. September 1838) war sie gerade 42 Jahre alt. – Schon vor 10 Jahren, beim ersten Anblick des gerade in der Abendsonne glühenden Montblanc, hatte sie eine mächtige Sehnsucht empfunden, oben zu stehen, ein Gefühl, das sie seitdem immer nährte. Da Mademoiselle d'Angeville nicht reich ist, so arbeitete sie mehre Jahre daran, die zu dieser Besteigung nöthige Summe auf die Seite zu legen, und endlich sagte sie zu sich selbst: »Jetzt vollende ich's. In den ersten Tagen des Septembers reiste sie von Genf nach Chamouny. Dort machte sie gleich ihren Vorsatz kund. Jedermann, selbst die Führer vereinigten sich, ihr [...] abzurathen.

Sie aber ließ sich nicht irre machen, sondern beharrte fest auf ihrem Entschluß. [...] Sie nahm Joseph Coutet, der schon sieben Mal auf dem Montblanc gewesen war, zum Guide-Chef oder Vorführer, fünf andere Guides und zwei Träger. Ihrer waren zusammen neun. Als am 3. September, Montags, ein reiner Himmel und kühle Luft einen herrlichen Tag verkündigten, ward an den Aufbruch gedacht und Alles dazu vorbereitet an Werkzeugen, Trink- und Eßvorräthen. Die Besteigerin trug über starken Beinkleidern ein Frauenkleid aus dichtem, derben Wollenzeug, und darüber einen Mantel von Ziegenfell, wie sie bei den Sennmädchen auf den Alpen in der Umgegend gewöhnlich sind, eine weit ins Gesicht gehende Pelzhaube und darüber einen großen Strohhut ohne grünen Schleier, auch keine grüne Brille, außerdem weite, starke Schuhe mit Gamaschen und einen Alpenstock mit Gemshorn. Ohne alle Schwierigkeit und Unbequemlichkeit gelangte die wackere Bergsteigerin auf den Obeliskenfelsen der Grands Mulets, wo das Nachtlager aufgeschlagen wurde.

[...] Während die Guides (frühstückten) aßen, kleidete sie sich im Zelte um, legte den hinderlichen Frauenrock ab, und zog dafür dicke, warme Männerkleider an. Sie stieg mit einer Leichtigkeit weiter, die alle ihre Guides in Erstaunen setzte und zu der wiederholten Aeußerung veranlaßte, daß sie nur selten einen Mann mit solcher Kraft, Sicherheit und Entschiedenheit hätten gehen, klettern und über Abgründe wegspringen sahen. [...] Erst nach den Petits-Mulets begann Mademoiselle d'Angeville zu ermüden. [...] Die sonst so kecke und mutige Dame befiel nun zunehmende Mutlosigkeit bei einem furchtbaren Gefühl von Brustbeengung, und wie wenn glühendes Blei in ihren Adern flöße. Mehrmals sank sie unwillkürlich zusammen, und in einem solchen Moment hörte sie – unfähig selbst ein Wort zu sprechen – ihren Führer fragen: »Jamais je ne menerai plus de femme sur le Montblanc« – (Ich werde niemals wieder ein Weib auf den Montblanc führen). [...] Glücklicherweise reichten, mit feiner Hilfe, ihre Kräfte gerade hin, um nach unsäglicher Anstrengung ganz hinauf zu gelangen, Dienstag den 4. September um 12 Uhr 55 Minuten. In dem Augenblick, wo die Gipfelluft in ihre Brust drang, fühlte sie sich geheilt und gestärkt, ganz verschieden von allen männlichen Montblanc-Besteigern, die auf dem Gipfel immer schwach und abgespannt waren. Sie fühlte sich nicht nur hoch und erhoben, sondern auch körperlos, heiter und lustig. [...]

Jurende's Mährischer Wanderer für das Jahr 1842

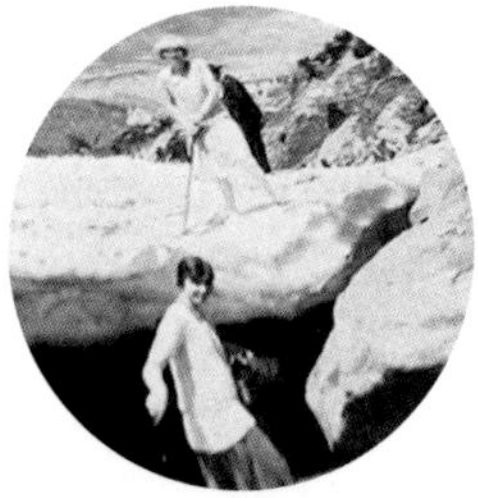

Hélène und Simone de Beauvoir beim Wandern, um 1931/32

EIN WENDEPUNKT IN MEINER LEBENSGESCHICHTE

»Ich erinnere mich an die Ankunft in Marseille, als hätte sie einen absoluten Wendepunkt in meiner Lebensgeschichte bezeichnet«, schrieb Simone de Beauvoir (1908–1986) in ihrer Autobiografie, denn sie habe dort eine Natur entdeckt, »die mir nach und nach ihr Wesen, mir selbst mein Wesen enthüllen sollten.«

Die Leidenschaft [des Wanderns], die damals von mir Besitz ergriff, hat mich über zwanzig Jahre nicht wieder losgelassen [...] Vom zweiten Oktober bis zum vierzehnten Juli fragte ich mich kein einziges Mal, was ich mit einem Donnerstag, einem Samstag anfangen sollte. Ich hatte die Aufgabe, Sommer wie Winter bei Morgengrauen aufzubrechen und erst spätabends zurückzukehren. Ich hielt mich nicht mit Vorbereitungen auf. Ich habe mir nie die klassische Ausrüstung verschafft: Rucksack, Nagelschuhe, Lodenrock und -umhang. Ich zog ein altes Kleid an, Segeltuchschuhe und nahm in einer Strohtasche ein paar Bananen und Brioches mit. Mehr als einmal lächelten meine Kollegen verächtlich, wenn wir uns auf einem Gipfel begegneten. Dafür arbeitete ich anhand des Guide Bleu, des Bulletin und der Michelin-Karte genaue Pläne aus. Anfangs ließ ich es bei einem Marsch von fünf bis sechs Stunden bewenden. Später stellte ich Touren von neun, zehn Stunden zusammen. Manchmal schaffte ich über vierzig Kilometer. Systematisch durchzog ich die ganze Umgebung. Ich stieg auf alle Berge: den Gardaban, den Mont Aurélin, Sainte-Victoire, den Pilon du Roi; ich kletterte in die kleinen Meeresbuchten hinunter, ich erforschte Täler, die Schluchten, die

Engpässe. Ich ging zwischen blendenden Steinen, wo sich kein Weg abzeichnete, und spähte nach den Pfeilen – blau, grün, rot, gelb –, die mich zu einem unbekannten Ziel führten. Manchmal verlor ich sie, ging im Kreise, schlug mich durch scharf duftende Büsche, riss mich an Pflanzen, die ich noch nie gesehen hatte: harzige Cistrosen, Wacholder, Steineichen, gelbe und weiße Asphodelus. Ich folgte allen Zollwegen am Ufer. Unter den Klippen der zerklüfteten Küste zeigte das Mittelmeer nicht jene süßliche Mattigkeit, die mich an anderen Stellen oft anwiderte; im sprühenden Morgenlicht peitschte es die Riffe mit grellem Weiß, und ich hatte den Eindruck, mir würden, wenn ich die Hand hinhielte, die Finger abgeschnitten. Schön war auch der Blick von den Hügeln, wenn das Wogen der Olivenbäume sich an der heuchlerischen Süße, der erzenen Härte des Meeres brach. An einem Frühlingstag sah ich auf der Hochebene von Valensol zum erstenmal blühende Mandelbäume. […]

Beharrlich machte ich mich an meine Aufgabe, die Dinge ihrer Nacht zu entreißen. Allein wanderte ich in den Nebeln auf der Höhe von Sainte-Victoire, auf der Bergkette des Pilon du Roi, gegen die Gewalt des Windes, der meine Mütze ins Tal schleuderte. Allein verirrte ich mich in einer Schlucht des Lubéron; diese Augenblicke, ihr Licht, ihre Zärtlichkeit, ihre Wildheit gehörten mir allein. Wie liebte ich es, schlafbefangen durch die noch nachtverhüllte Stadt zu gehen und über einer unbekannten Ortschaft den Morgen dämmern zu sehen! Mittags schlief ich im Duft von Ginster und Pinien; ich klammerte mich an die Hänge der Hügel, suchte meinen Weg durch die Heiden, und die Dinge kamen mir entgegen, erwartet, unerwartet: immer genoss ich es mit gleicher Intensität, wenn ein Punkt, ein Strich auf einer Landkarte oder drei Zeilen in einem Reiseführer sich in Steine, Bäume, Himmel und Wasser verwandelten. […]

Ende November kam meine Schwester [Hélène] nach Marseille. Ich weihte sie in meine neuen Vergnügungen ein […]. Wir sahen den Aquädukt von Roquefavour in der Mittagshitze; wir marschieren in Segeltuchschuhen durch den Schnee von Toulon. […] Der Wille, der in meinen fanatischen Wanderungen zum Ausdruck kam, hatte sehr alte Wurzeln in mir. […] Ich hatte nie Sport getrieben; um so mehr Freude machte es mir, das Letzte aus meinem Körper herauszuholen, seine Kräfte so geschickt wie möglich zu nutzen. […] jeder Ausflug war ein Kunstwerk.

Simone de Beauvoir, *In den besten Jahren (La Force de l'age)*, 1960

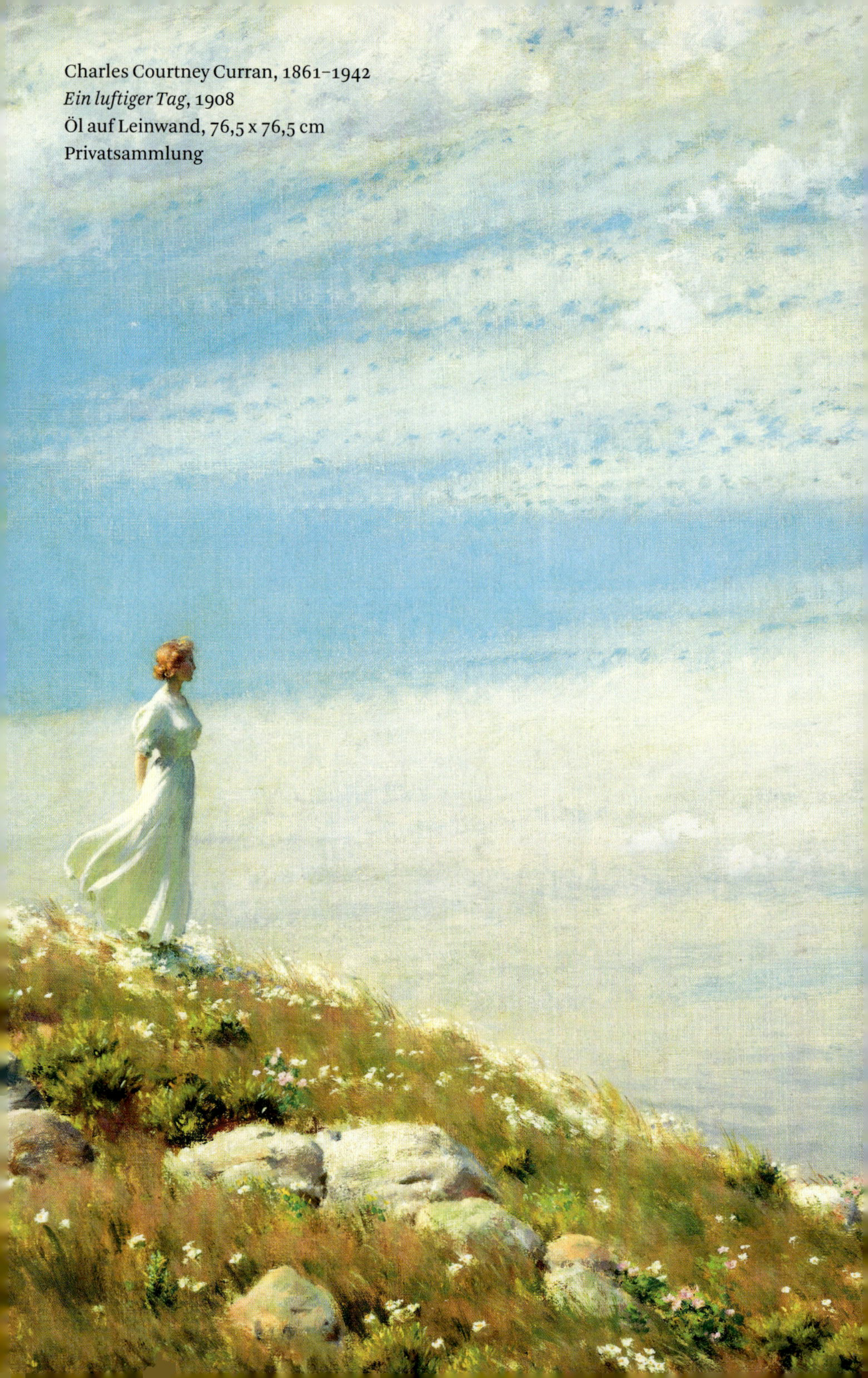

Charles Courtney Curran, 1861–1942
Ein luftiger Tag, 1908
Öl auf Leinwand, 76,5 x 76,5 cm
Privatsammlung

Am glücklichsten bin ich,
wenn möglichst hinweg
Meine Seele ich trag von der
sterblichen Hülle,
In windiger Nacht, wenn
bei strahlendem Mond
Das Auge kann wandern durch
Welten des Lichts –

Wenn ich nicht bin und
außer mir keiner
Nicht Erde, nicht Meer,
noch klarer Himmel –
Nur noch die wandernde
Seele weit
Durch grenzenlose
Unendlichkeit.

Emily Brontë, 1818–1848

Quellen & Literatur

Einleitung

S. 10 *»Wandern ist die vollkommenste Art«*: Elizabeth von Arnim, *Elizabeth auf Rügen*. Ein Reiseroman, Frankfurt/Berlin 1989.

S. 15 *»hauptberufliche Schriftstellerinnen«*: Das 1823 edierte Lexikon *Die deutschen Schriftstellerinnen des neunzehnten Jahrhunderts* erwähnt zwischen 1795 und 1825 mehr als fünfhundert literarisch tätige Frauen.

S. 15 *»An öffentlichen Orten, auf der Promenade«*: Johanna Schopenhauer, *Jugendleben und Wanderbilder* (1839), Tübingen 1958, S. 141.

S. 15 *»wählte dafür bewusst entlegene Wege«*: ebd.

S. 16 *»beschrieb die deutsche Schriftstellerin Sophie La Roche 1771«*: Sophie La Roche, *Geschichte des Fräuleins von Sternheim* (1771), Stuttgart 1983, S. 84.

S. 16 *»Wer geht, sieht [...] mehr, als wer fährt«*: Johann Gottfried Seume, *Mein Sommer 1805* (1806), in: J. G. Seume, *Werke*, Bd. 1, Frankfurt 1993, S. 543.

S. 17 *»Ohne von einem Bedienten«*: Johanna Schopenhauer, *Jugendlieben und Wanderbilder* (1839), Tübingen 1958, S. 141.

S. 18 »Umso aufregender sind die literarisch fixierten Erfahrungen«: Heidi Ritter, »Über Gehen, Spazieren und Wandern von Frauen in der zweiten Hälfte des 18. Jahrhunderts«, in: Wolfgang Albrecht und Hans-Joachim Kertscher, *Wanderzwang – Wanderlust*, Tübingen 1999, S. 91–105.

S. 20 »das Gehen auf freien Füßen in frischer Luft«: Jean-Jacques Rousseau, *Die Bekenntnisse* (1782), München 1978, S. 172.

S. 20 »Ideologie des Gehens«: Anne D. Wallace, *Walking ... The Origins and Uses of the Peripatetic in the Nineteenth Century*, Oxford 1993, S. 7 f.

S. 20 »Er ist wie die nahezu unbeachtete Flaneuse«: Aruna D'Souza und Tom McDonough, *The invisible* flâneuse*? Gender, public space, and visual culture in nineteenth-century Paris*, Manchester 2006.

S. 22 »dort spazierten nur Frauen mit zweifelhaftem Ruf«: Honoré de Balzac, *Histoire et physiologie des boulevards de Paris* (1845), Paris 1980, S. 92.

S. 23 *»Welch unauslöschliche Freude bereitet es«*: Honoré de Balzac, »Abhandlung über das elegante Leben« (1830),

in: ders., *Pathologie des Soziallebens*, hg. von Edgar Pankow, Leipzig 2002, S. 94–95.
S. 30 *»Trotzmacht des Geistes«*: Ingrid Runggaldier, *Frauen im Aufstieg. Auf Spurensuche in der Alpingeschichte*, Bozen 2011.
S. 30 *»Haltet die Frauen vom Bergsteigen ab«*: Caroline Fink; Karin Steinbach, *Erste am Seil, Pionierinnen in Fels und Eis. Wenn Frauen in den Bergen ihren eigenen Weg gehen*, Innsbruck 2013.
S. 30 *»Ich bin den Bergen über alles dankbar«*: Elizabeth Alice Burnaby-Main-Le Bond, Day in, Day out, London 1928, S. 216.
S. 31 »Um ihre Wahrnehmung zu schärfen, wählte sie«: Virginia Woolf, »Stadtbummel: Ein Londoner Abenteuer« (1927), in: *Virginia Woolf. Das Lesebuch*, hg. von Klaus Reichert, ausgewählt von Corinna Fiedler, Frankfurt 2006.
S. 32 *»Wer am besten klettern kann«*: Johanna Kinkel an Emilie von Henning, in: *Frauen im Aufbruch. Frauenbriefe aus d. Vormärz u. d. Revolution von 1848*, hg. von Fritz Böttger, Darmstadt/Neuwied 1979.

1. Kapitel

S. 35 *»Das Promenieren ist Ausdruck«*: Honoré de Balzac, »Über die Garderobe in allen ihren Teilen« (1830), in: ders., *Pathologie des Soziallebens*, hg. von Edgar Pankow, Leipzig 2002.
S. 36 *»Ohne von einem Bedienten«*: Johanna Schopenhauer, *Jugendlieben und Wanderbilder* (1839), Tübingen 1958, S. 141.
S. 36 »Das aristokratische Lustwandeln«: Martina Trauschke (Hg.), *Memoiren der Kurfürstin Sophie von Hannover. Ein höfisches Lebensbild aus dem 17. Jahrhundert*, Göttingen 2014.
S. 38 »Und der Spaziergang dort dient längst nicht mehr der Repräsentation«: Markus Fauser, *Die Promenade als Kunstwerk. Karl Gottlob Schelles Theorie des Spaziergangs*, Leipzig 1803, S. 297.
S. 42 »Und da fahren sie nun«: Edith Sitwell, *Von einigen Modeliebhabern*, S. 76. Aus: Edith Sitwell, *Englische Exzentriker*. Aus dem Englischen von Kyra Stromberg © 2000, 2009 Verlag Klaus Wagenbach, Berlin.
S. 47 **Zeremoniell des Compliments:** Johann Adolph Ludwig Werner, *Gymnastik für die weibliche Jugend oder weibliche Körperbildung für Gesundheit, Kraft und Anmuth von J. A. L. Werner – ehemaliger Lehrer der Fecht- und Voltigirkunst und Gymnastik an der Universität und verschiedenen Lehranstalten in Leipzig. Gewidmet Prinzessin Amalia Augusta, Herzogin zu Sachsen* [Amalie von Sachsen, 1794–1870], Meißen 1834.
S. 48 »Schriften und Ratgeber des 18. Jahrhunderts«: u.a. John Gay, *The Art of Walking through the Streets of London*, London 1716.
S. 52 **Gewisse Regeln, die der Anstand fordert:** Johann Adolph Ludwig Werner, *Gymnastik für die weibliche Jugend oder weibliche Körperbildung für Gesundheit, Kraft und Anmuth von J. A. L. Werner – ehemaliger Lehrer der Fecht- und Voltigirkunst und Gymnastik an der Universi-*

tät und verschiedenen Lehranstalten in Leipzig. Gewidmet Prinzessin Amalia Augusta, Herzogin zu Sachsen [Amalie von Sachsen, 1794–1870], Meißen 1834.
S. 54 »Sie hält eine portable Holzkamera in den Händen«: Wir verdanken diesen Hinweis Dr. Ulrich Pohlmann, Leiter der Sammlung Fotografie des Münchner Stadtmuseums.
S. 57 *»Ein Park ist kein Salon«*: Alfred Delvau, *Les Plaisirs de Paris: guide pratique et illustré*, Paris 1867, S. 38 f.
S. 57 »mit Einbruch der Dämmerung«: Es gab tatsächlich die Verordnung, dass die Prostituierten erst mit dem Entzünden der Gaslaternen auf den Straßen »unterwegs« sein durften.
S. 61 *»Ich gehe viel spazieren«*: Marie de Rabutin-Chantal de Sévigné [Marie Marquise de Sévigné], *Briefe*, mit zeitgenöss. Kupferstichen, hg. u. übers. von Theodora Von der Mühll, Frankfurt 1979.
S. 63 Félix Vallotton, *Das mörderische Leben*, Paris 1907/08.

2. Kapitel

S. 65 *»Von den Malern bis vor kurzem missachtet«*: Ernest Chesneau, *Education de l'Artiste*, Paris 1880, S. 341.
S. 66 *»Die Stadt präsentiert sich ihr«*: Charlotte Brontë, *Vilette*, Leipzig 1973.
S. 67 »Folgerichtig erfassten die Maler die Stadt am besten«: Nancy Forgione, »Everyday Life in Motion: The Art of Walking in Late-Nineteenth-Century Paris«, in: *The Art Bulletin*, Dezember 1, 2005, S. 663–687.
S. 72 **Die wunderbare Kunst der ausbalancierten Fortbewegung:** Oliver Wendell Holmes, »The Physiology of Walking« (1859), in: *The Works of Oliver Wendell Holmes. Illustrated with Steel Portraits and Photogravures in Thirteen Volumes*, Volume VIII: Pages from An Old Volume of Life. A Collection of Essays 1857–1881, Boston/New York/Cambridge 1892, übersetzt für diese Ausgabe von Ursula Held.
S. 76 **Was der gute Ton vorschreibt:** Constanze von Franken, *Katechismus des guten Tones und der feinen Sitte*, Leipzig 1890, in: Dagmar-Renate Eicke, »Teenager« zu Kaisers Zeiten. Die »höhere« Tochter in Gesellschaft, Anstands- und Mädchenbüchern zwischen 1860 und 1900, Marburg 1980, S. 113, 115.
S. 76 *»Junge Damen sollten immer«*: Jane Austen, *Stolz und Vorurteil*, in: *Zärtlichkeit des Herzens. Mit Jane Austen durch das Jahr*, hg. von Bettina Eschenhagen, Berlin 2015.
S. 80 *»In dem ersten Winter«*: Ricarda Huch, *Frühling in der Schweiz* (1938), in: Wilhelm Emrich (Hg.), *Ricarda Huch. Gesammelte Werke*, Bd. 11: Autobiographische Schriften, Nachlese, Register, © 1974, Verlag Kiepenheuer & Witsch GmbH & Co. KG, Köln.
S. 80 **Ein unersetzlicher Genuss:** Ricarda Huch, *Braunschweig in meiner Kinderzeit* (1949); *Frühling in der Schweiz* (1938), in: Wilhelm Emrich (Hg.), *R. Huch. Gesammelte Werke*, Bd. 11: Autobiographische Schriften, Nachlese,

Register, © 1974, Verlag Kiepenheuer & Witsch GmbH & Co. KG, Köln.

S. 84 »Die stundenlangen, schnellen und täglichen *walks*«: Katherine C. Hill-Miller, *From the Lighthouse to Monk's House: A Guide to Virginia Woolf's Literary Landscapes*, London 2003.

S. 84 **Stadtbummel mit Virginia Woolf:** Virginia Woolf, »Stadtbummel: Ein Londoner Abenteuer« (1927), übersetzt von Joachim A. Frank. Aus: dies., *Der Tod des Falters*. Essays. Hg. von Klaus Reichert, © S. Fischer Verlag GmbH, Frankfurt am Main 1997.

S. 88 *»Auf dem Kurfürstendamm sind viele«*: Irmgard Keun, Das kunstseidene Mädchen (1932), © 1979 Claasen Verlag in der Ullstein Buchverlage GmbH, Berlin.

3. Kapitel

S. 91 *»Mitunter ging sie nämlich aus«*: Gustave Flaubert, *Madame Bovary. Ein Sittenbild aus der Provinz* (1857), übersetzt von Arthur Schurig, Leipzig 1952.

S. 92 *»Elizabeth überquerte schnellen Schrittes«*: Jane Austen, *Stolz und Vorurteil*, in: *Zärtlichkeit des Herzens. Mit Jane Austen durch das Jahr*, hg. von Bettina Eschenhagen, Berlin 2015.

S. 92 *»Einmal bin ich auf einen Berg hinaufgestiegen«*: Franziska und Hermann Tiermann (Hg.), *Meta Klopstock. Es sind wunderliche Dinger, meine Briefe.* Briefwechsel mit Friedrich Gottlieb Klopstock und mit ihren Freunden, 1751–1758, München 1988, S. 308.

S. 94 »Auf erregende Weise verbinden sich in den Gemälden der auf Klippen und am Strand spazierenden Mädchen und Frauen das Grauen der Abgründe«: Alain Corbin, *Meereslust. Das Abendland und die Entdeckung der Küste*, Berlin 1990.

S. 100 **Sie gingen durch den Wald nach dem Gebirge zu, fröhlich und unbekümmert:** Dorothea Schlegel, Florentin, Lübeck/Leipzig 1801.

S. 106 *»Wundersam ist die Macht«*: Friedrich Evertsbusch, *Lebensweihe für Jungfrauen. Anstandsbuch für junge weibliche Leser*, Elberfeld 1867, in: Dagmar-Renate Eicke, *»Teenager« zu Kaisers Zeiten. Die »höhere« Tochter in Gesellschaft, Anstands- und Mädchenbüchern zwischen 1860 und 1900*, Marburg 1980, S. 100–102.

S. 107 **Die Frau als Hüterin der Sitte:** ebd.

S. 109 Film *Marie Krøyer*, Bille August [Reg.], Dänemark/Schweden 2012, 102 min. insg.

S. 112 **Ungeheuerliche Gedanken:** Gustave Flaubert, *Madame Bovary. Ein Sittenbild aus der Provinz* (1857), übersetzt von Arthur Schurig, Leipzig 1952.

S. 112 *»Lies nicht zu viel«*: Friedrich Evertsbusch, *Lebensweihe für Jungfrauen. Anstandsbuch für junge weibliche Leser*, Elberfeld 1867, in: Dagmar-Renate Eicke, *»Teenager« zu Kaisers Zeiten. Die »höhere« Tochter in Gesellschaft, Anstands- und Mädchenbüchern zwischen 1860 und 1900*, Marburg 1980, S. 107–108.

S. 115 Katherine Furse, *Hearts and Pomegranates*, London 1940.

4. Kapitel

S. 117 *»Am Ziel deiner Wünsche«*: Marie von Ebner-Eschenbach, *Aphorismen*, Berlin 1890.
S. 118 *»Ich hatte keine Lust, meinem Leben«*: Simone de Beauvoir, *In den besten Jahren (La Force de l'age)*, übersetzt von Rolf Söllner, © 1961 Rowohlt Verlag GmbH, Reinbek bei Hamburg.
S. 120 *»ungepflegte Zottelhexe in nachlässiger Gewandung«*: Ingrid Runggaldier, *Frauen im Aufstieg. Auf Spurensuche in der Alpingeschichte*, Bozen 2011.
S. 120 »Reinhold Messner in seinem Buch über Gipfelstürmerinnen«: Reinhold Messner, *On top. Frauen ganz oben*, München 2010.
S. 129 *»hielt dieses Erlebnis in einem Bericht fest«*: Henriette d'Angeville, *Mon excursion au Mont-Blanc*, Paris 1987.
S. 129 »Wollen heißt Können – war ein Wahlspruch«: ebd., S. 146.
S. 132 **Ich werde niemals wieder ein Weib auf den Mont Blanc führen:** *Jurende's Mährischer Wanderer für das Jahr 1842. Geschäfts- und Unterhaltungsbuch für alle Provinzen des österreichischen Kaiserstaates*, Brünn 1841.
S. 134 **Ein Wendepunkt in meiner Lebensgeschichte:** Simone de Beauvoir, *In den besten Jahren (La Force de l'age)*, übersetzt von Rolf Söllner, © 1961 Rowohlt Verlag GmbH, Reinbek bei Hamburg.
S. 137 *»Am glücklichsten bin ich«*: Emily Brontë, *Ums Haus der Sturm*. Gedichte, ausgew., übertr. und mit einem Nachw. vers. von Wolfgang Held, Frankfurt/Leipzig 1998.

Bildnachweis

akg-images, Berlin: Umschlagmotiv vorne, Seite 26, 39, 40/41, 43, 49, 50, 62, 69, 70, 95, 98, 100, 102, 105, 108; 122 (Album/Prisma); 87, Umschlagrückseite links (Cameraphoto); 125 (De Agostini Picture Lib.); 77 (Erich Lessing); 55 (Rabatti & Domingie); 78, 90, 127 (Sotheby's); 14 (World History Archive)
Alpines Museum des Deutschen Alpenvereins, München: 33
bpk, Berlin: 128 (RMN-Grand Palais/Frères Séeberger); 97 (RMN – Grand Palais/Michel Urtado)
Bridgeman Images, Berlin: 8/9, 13, 19, 21, 24/25, 28/29, 45, 46, 56, 59, 60, 74, 83, 111, 113, 116, 131, 136, Umschlagrückseite Mitte und rechts
The Frick Collection, New York: 34
Galerie Hammer, Regensburg: 134
Gandalf's Gallery: 64
Jules Hébert: 132
Adrian Michael: 121
Beverly Shipko: 6
Tate Gallery, London: 114